nstructing an In-House Diagnostic English
nguage Assessment System: Theory & Practice

校本英语诊断测试体系建构：
理论与实践

孙悠夏 ◎ 著

吉林大学出版社

·长 春·

图书在版编目（CIP）数据

校本英语诊断测试体系建构：理论与实践 / 孙悠夏
著 . -- 长春：吉林大学出版社，2023.8
ISBN 978-7-5768-2011-9

Ⅰ . ①校… Ⅱ . ①孙… Ⅲ . ①英语—教学研究 Ⅳ .
① H319.3

中国国家版本馆 CIP 数据核字（2023）第 165012 号

书　　名：校本英语诊断测试体系建构：理论与实践
　　　　　XIAOBEN YINGYU ZHENDUAN CESHI TIXI JIANGOU：LILUN YU SHIJIAN
作　　者：孙悠夏
策划编辑：卢　婵
责任编辑：刘　丹
责任校对：单海霞
装帧设计：三仓学术
出版发行：吉林大学出版社
社　　址：长春市人民大街 4059 号
邮政编码：130021
发行电话：0431-89580028/29/21
网　　址：http://www.jlup.com.cn
电子邮箱：jldxcbs@sina.com
印　　刷：武汉鑫佳捷印务有限公司
开　　本：787mm×1092mm　　1/16
印　　张：12.5
字　　数：180 千字
版　　次：2023 年 8 月　第 1 版
印　　次：2023 年 8 月　第 1 次
书　　号：ISBN 978-7-5768-2011-9
定　　价：68.00 元

目　录

第一章 语言诊断测试的研究背景

语言诊断测试是近年来兴起的一种促学评价形式。借鉴于临床医学与心理学，该测试旨在剖析学生语言能力中的强项与弱项，为教师与学生提供诊断反馈，并用于教与学，预期对教与学产生正面的反拨作用（Alderson，2007；Jang & Wagner，2013；Lee，2015）。本研究立足教育测量理论与实践，积极响应教育发展新形势，探索以校本为基准的英语诊断测试机制，以充分发挥评价与测试对校本英语教学的导向、诊断、改进、优化等多重功能，提高教育教学质量。

一、研究背景

在谈到语言测试时，常见的说法是它作为一项测量工具，通过不同类型的测试任务来评估学生的语言水平。在实际应用中，将语言测试用于教学并指导教学的需求日益受到重视，学习导向型测评应运而生。学习导向型测评强调语言测试的导学、促学特性，即语言测试应与课程教学有机融合，在促进学习进程中强调学习目标、能力测评和学习反馈的作用（Turner & Purpura，2016）。然而，在语言测试与课程教学的接口研究中，涌现了不少问题，例如，语言测试如何更具教学针对性，如何在测评语言能力的同时促进学习目标的实现，如何帮助学生解决学习问题等等。为解决此类问题，诊断测试逐渐成为研究焦点，旨在诊断学习者目标语知识和技能中的强项与弱项，并以此提供详细的诊断反馈与指导意见（Alderson，2005；Jang，2012），以期桥接语言测试与课程教学，提升教与学成效。

从教育测量的视角来看，学习导向型测评及其诊断测试的兴起是基于一定的教育测量发展背景。首先，基于课堂教学的形成性评估对学习反馈提出了高要求，即从已有评估中提取出对学生学习问题的反馈信息，以期获得更加有效的教学效果。形成性评价基于对学生学习过程的持续观察，发现教学过程中学生的学习问题，并为教师与学生提供教与学反馈，以便教师和学生及时修改或调整教与学计划（Torrance & Pryor，1998；Rea-Dickins & Gardner，2000；Black & William，2009）。诊断测试所提供的诊断反馈与形成性评价中的学习反馈相照应，旨在提升教与学成效。

其次，教育测量界愈加重视对语言测试的后效效度研究。后效效度是测试分数解释及其使用对测试相关者所产生的影响与后果（Messick，1989）；在教学情境下，后效效度特指反拨效应，即测试对教与学的影响，尤其是大规模、高风险考试对教与学的影响（Alderson & Wall，1993；Cheng，Watanabe & Curtis，2004）。一个考试若产生负面影响，冲击教学，必遭质疑和抨击，这使语言测试的后效效度在教育测量界备受关注（亓鲁霞，2012）。诊断测试强调以诊促学，预期对教学产生正面的反拨效应；在实际应用中，诊断测试如何影响教学，是国内外语言测试和教学领域共同关注的焦点。

再次，语言测试的成绩报道走向精细化，更精细的语言能力报道有助于明确学习活动中存在的问题和改进的方向，促进后续学习活动的开展。但过于"细颗粒"或"粗颗粒"的反馈报道都有一定弊端，如何做好平衡，还需取决于教学活动和需求（Mislevy，1995）。不少学者对此展开了研究，从已有语言考试试题中提取出语言知识和技能信息，以详细的反馈报告形式呈现（如 Buck & Tatsuka，1998；Jang，2005；Lee & Sawaki，2009；Sawaki，Kim & Gentile，2009；Kim，2015）。这正是诊断测试设计与开发的重点之一，即研究诊断体系中语言能力的属性特征及其诊断反馈的精细化程度。

最后，信息技术、智能技术与教育测量理论等的不断发展，推动了语言测试系统的研制与革新。例如研制自动评分系统，用于写作与口语测试的评分，已有不少研究证明其具有较高的评分效度（如 Enright & Quinlan，2010；Lee，Gentile & Kantor，2010；Xi，2010），这些系统有望从语言特征与潜在语义分析等自然语言处理维度为学生提供详细的评价信息。此外，诊断测试的认知性与自适应性研究也在不断推进（如 Henson & Douglas，2005；Lee & Sawaki，2009；Yigit，Sorrel & de la Torre，2019；Aryadoust，2021），这些研究有望为学生提供个性化的学习建议，并有助于教师探索因材施教的个性化教学模式。

在此研究背景下，语言诊断测试成为近年来国内外语言测试研究的热点，在语言测试和教学领域的研究不断增多。但是，语言诊断测试研究仍处于发展阶段，需要不断汲取相关研究领域成果（如认知心理学、心理测量学、阅读障碍诊断、动态诊断、写作自动评分等研究成果），深入诊断测试的技术研究及应用研究（如认知诊断技术、自适应技术等），使其在教育教学领域发挥更大的作用。

二、教学新要求

新时代背景下，党中央、国务院对教育工作作出了一系列重大战略部署，开启了加快教育现代化、建设教育强国的新征程。《中国教育现代化2035》提出了推进教育现代化的八大基本理念，聚焦教育发展的突出问题和薄弱环节，重点部署了面向教育现代化的十大战略任务，明确了实现教育现代化的实施路径和三个方面的保障措施。《教育部关于加快建设高水平本科教育 全面提高人才培养能力的意见》紧紧围绕全面提高人才培养能力这个核心点，提出建设高水平本科教育的重要意义和形式要求，推动围绕激发学生学习兴趣和潜能深化教学改革，推进现代信息技术与教育教学深度融合，构建全方位全过程深融合的协同育人新机制，切实做好高水平本科教育建设工作的组织实施等。《新一代人工智能发展规划》强调发展智能教育，主动应对新技术浪潮带来的新机遇和新挑战。《教育信息化 2.0 行动计划》进一步聚焦新时代对人才培养的新需求，强化以能力为先的人才培养理念，将教育信息化作为教育系统性变革的内生变量，支撑引领教育现代化发展，推动教育理念更新、模式变革和体系重构。这一系列重要文件体现了新时代对教育教学与人才培养的新要求，尤其突显了高校本科教育对人才培养与国家发展的重要性。

在我国高校课程体系中，大学英语教学是高等教育的一个有机组成部分，是高校大多数非英语专业学生在本科教育阶段必修的公共基础课程和核心通识课程，在人才培养方面具有不可替代的重要作用；并且随着中国与世界各国和地区在经济、科技、人文等领域的交流日益频繁，英语在可预见的未来仍将是全球通用语言和开展国际交往的重要工具，大学英语课程教学应努力实现工具性和人文性的有机统一，满足学生成长成才需求和国家战略发展需求（何莲珍，2020）。新修订的《大学英语教学指南》（2020版）顺应了新时代我国高等教育发展的新形势，强调了大学英语教学的重要性和必要性，突显了信息技术和智能技术在大学英语教学中的应用。在信息化与智能化时代，多媒体技术、云计算、大数据以及虚拟现实人工智能等现代信息技术，为信息化教育发展奠定了坚实的基础，持续推动教育理念更新、模式变革、体系重构。

随着信息技术、智能技术在教育领域的深入应用，智慧教育成为教育信息化应用的一个新模式（祝智庭、贺斌，2012）。《教育信息化 2.0 行动计划》提出开展智慧教育创新示范，利用智能技术加快推动人才培养模式、教学方法改革，探索泛在、灵活、智能的教育教学新环境建设与应用模式。通过采用信息化的手段，智慧教育旨在打造教育新格局，在教育领域全面深入地利用信息技术、智能技术开发教育资源，优化和升级学习环境，变革教学和评价模式，并促进知识创新和成果共享，将从教育理念、教育方式、教育内容、教育目的等方面带来大幅度的转变，使教育体系走向网络化、数字化、智能化、个性化。

　　智慧教育建设对于大学英语教学的发展起到了非常重要的作用，推进大学英语教学改革，促进教育教学质量提升。《大学英语教学指南》（2020版）倡导"高校充分利用信息技术，积极创建多元的教学与学习环境……建设或使用在线开放课程、线下课程、线上线下混合课程、虚拟仿真实验课程等精品课程，实施混合式教学模式，使学生朝着主动、自主学习和个性化学习的方向发展"。智慧教育从技术赋能层面为大学英语教学提供了全新的教学方法、测评模式和丰富的教学资源，包括多元的教学模式、自适应测试、诊断测试等，引导大学英语教学更加注重以学习者为中心的教育理念，为学习者提供各方面的支持，如差异化教学、个性化学习、开放式课程资源等，进一步提高教育教学质量和效益。

　　就课程测评而言，《大学英语教学指南》（2020版）特别指出："大学英语课程评价涵盖课程体系的各个环节，应综合运用各种评价方法与手段……实现从传统的'对课程结果的终结性评价'向'促进课程发展的形成性评价'转变"；鼓励学校大学英语教学管理部门"根据本校的实际情况，对学生提出切合实际的英语能力要求，开发科学、系统、个性化的大学英语课程评价体系和大学生英语能力测试体系，充分发挥评价和测试对大学英语教学的导向、激励、诊断、改进、鉴定、咨询、决策等多重功能"。课程测评更侧重形成性评价和导学型评价，使学生从"被动接受评价"向"主动参与评价"转变；同时侧重发挥评价与测试对教学的正面导向作用，使其更好地服务于教学目的，为教学提供诊断与反馈信息，提高教学质量，助力学生英语能力提升。

　　从教育发展新形势的角度重新思考大学英语教学，需不断优化教学内容和学习环境，变革教学和测评模式，这促成了语言诊断测试的开发与应用。通过诊断学生的学习行为特征，为学生提供评价反馈，为因材施教式的教学模式提供基础，也为自主学习的推进创造条件。

三、校本教学探索

在语言测试研究与教育形势发展的背景下，依据学校本科教育发展规划与大学公共英语课程改革方案，本研究探索构建面向本校学生群体的校本英语诊断测试体系，即通过筛选目标学生群体，并诊断学生英语语言能力（听力、阅读和写作）中的强项与弱项，为后续学习提供详细的诊断反馈与指导，充分发挥评价与测试对学校英语教学的导向、诊断、改进、优化等多重功能。

从学校卓越学院建设方案来看，卓越学院致力于培养"未来领军型的卓越英才"、变革教育教学思维、落实卓越育人理念，引领全校人才培养模式迭代更新。在该建设方案下，现有的英语教育教学评价体系需作相应完善，通过构建校本英语诊断测试，配合"培根—筑基—融通"的个性化培养路径，最大程度地发挥评价与测试对新育人标准、育人模式以及课程体系的奠基、导向与优化作用。

从学校英语课程改革方案来看，学校以卓越学院为试点，拟定"压缩学分、优化课程体系、实施灵活培养"的教学改革方案。根据该方案，通过构建校本英语诊断测试，对学生的英语语言能力进行科学分级和问题诊断，实践"基础—提高—发展"三段式培养模式，引导因材施教的大学英语课程体系建设，优化教学内容，促进学生英语语言能力的个性化发展。

从学校现有英语测试体系的改进来看，现有的入学分级测试和毕业水平测试，分别作为学生入口分级和出口定级的"关口型"测试，是保障英语教学质量的重要测评手段。但在课程体系运行过程中，缺乏统一、有效的"过程性"测试，以测量学生在学习过程中的进展情况，可明确教学改进与优化方向，提升教学质量。

因此，在学校以卓越学院建设引领全校人才培养模式迭代更新的背景下，通过构建校本诊断测试，拟主要解决学校英语课程改革相关的能力导向、问题诊断、针对性教学和学生个性化发展等需求，具体如下：

（1）能力导向需求：在灵活学分制下，根据能力分级与诊断，引导学生进入不同课程体系，以促进语言能力的发展。

学校拟以卓越学院为试点，压缩英语课程学分，从现有 10 学分压缩至 0 ~ 8 学分；并实施灵活学分制，即根据学生英语水平，可修读 0、4、6、8 学分的大学英语课程。现有的入学分级测试和毕业水平测试已较难满足大学英语课程设置走向精细化、个性化的需求，需要在课程评价体系中纳入诊断测试，以服务于灵活学分制及其"基础补差—综合提高—培优发展"的三段式课程体系。具体而言，在学生入学时参加诊断测试，根据能力分级与所诊断出的能力弱项，引导学生按各自语言能力进入不同课程体系，修读不同学分。

（2）问题诊断需求：在实践灵活培养方案时，诊断学生的语言能力强弱项，以构筑个性化的课程体系。

学校拟以卓越学院为试点，优化课程体系，将现有"6 学分核心课程 +4 学分限定选修课程"的课程体系变革为"0+4+X"（先修 + 通用学术英语 + 限定选修课）的课程体系，并实行灵活进出制。在变革课程体系时，了解学生的潜力、确认改进和发展方向是进行课程优化的重要先导环节。这对整个教育教学评价体系提出了更高的要求，测评体系不能仅作为衡量学业水平高低的工具，更要开发诊断能力问题的方法，探明学生在英语能力上的强项与弱项，以便根据学生语言能力问题和个性化发展需求，调整并开设相关英语类课程，使课程设置更加个性化，育人更加科学化。

（3）针对性教学需求：在能力分级与诊断后，注重以学生为中心的教学理念，以实施因材施教的课程教学模式。

在学校英语课程改革方案下，拟适度压缩班级规模，实施小班化教学，提升教师课堂教学水平。相比大班化教学，小班化教学能使授课教师有相对充裕的时间和精力来关注每位学生；但是，在教师对学生学习状态、能力水平等缺乏了解的情况下，教师如何提高教学能效，是改革中教师层面需要解决的问题。要解决这个问题，需要从本质上提升教师的课程教学质量，即根据学生的能力差异和发展需求，有针对性地开展课程教学，以补差、提高和培优的教学路径，提高教学实效性。

（4）个性化发展需求：在能力分级与诊断后，引导学生主动参与、自主学习，以探索高效的自主学习模式。

在大学英语课程改革方案下，拟充分利用现代信息技术，通过微课建设、题库建设和混合式教学模式，提升学生自学能力。利用信息技术、智能技术，创建多元的教与学环境，鼓励学生课后自学并测评达标。但是，这样的自学模式和结业测评模式过于粗放，如何激发学生自主学习兴趣，是自学课程设置面临的重要瓶颈。要解决这个瓶颈，可以从提供个性化的学习计划入手，即通过能力分级与诊断，为不同学生提供个性化的学习计划和配套的线上线下学习资源，实践"基础补差—综合提高—培优发展"的三段式发展路径，促使学生从被动学习向主动学习转变，达到以诊促学的目的。

综上所述，本研究立足学校课程改革探索，尝试解决课程改革相关的能力分级、问题诊断、针对性教学和学生个性化发展等需求，提出构建校本英语诊断测试体系，充分发挥该测试的能力分级与问题诊断功能，以期推进科学的课程体系建设、促进学生全面发展、提高英语教育质量。

第二章　语言诊断测试的理论基础

　　纵观国内外诊断性语言测试研究，聚焦点主要集中在如下两大领域：1）语言诊断测试理论的探索，涉及诊断测试的定义、类型、属性特征、操作步骤等（Henning，1987；Shohamy，1992；Spolsky，1992；Alderson，2005；Kunnan & Jang，2009；Alderson & Huhta，2011；Alderson，Brunfaut & Harding，2015）；2）语言诊断测试开发的可行性研究，涉及诊断参数与能力属性的提取、测试模型的比较与论证等（Jang，2005；Sawaki，Kim & Gentile，2009；Kim，2015；杜文博、马晓梅，2018；Aryadoust，2021；Toprak & Cakir，2021；Min，Cai & He，2022）。这些研究为语言诊断测试的发展奠定了坚实的理论与实践基础。本章将在前人研究的基础上，对诊断测试的概念、所测构念、效度验证框架展开综述，为校本诊断测试的建构夯实理论基础。

一、语言诊断测试的概念

　　在谈及诊断测试时，常易想到的是医学诊断，这也是诊断测试应用较广的领域。在医学诊断过程中，需依据病史、心理、生理等症状以及影像放射等诊断技术来鉴别、判定引发病症的病因与发病机制，以此作为制定治疗方案的方法和途径；该过程通常涉及数据收集、数据分析、测量、评估、问题诊断、病因反馈、治疗方案（Langlois，2002；Tresure，2011）。在语言测试领域，诊断测试（diagnostic test）一直是测试的主要目的及用途（Davies，1968；Henning，1987），且学界一直在不断厘清诊断测试的概念。Davies（1968）按测试内容与影响的时间线来区分不同目的的测试。Kunnan 和 Jang（2009）对诊断测试的概念作了进一步区分性解释，即水平测试（proficiency test）主要考查学生对过往所学知识的掌握程度，并预测学生未来的学习表现；成绩测试（achievement test）主要是对过往所学知识的考查；潜能 / 素质测试（aptitude test）是通过对一系列语言能力的测评，预测学生未来的学习表现；而诊断测试既包括对学生过往学习表现的考查，也包括对学生未来学习的反馈建议。Bachman（1990）从测试决策角度，指出语言测试或多或少都有诊断的功能，如分级 / 分班测试（placement test）将学生按语言水平高低作区分，并编入不同进度或程度的班级，以便作出适合不同语言水平的教学安排，可被视为较宽泛意义上的诊断测试；而诊断测试则是基于理论或课程而开发与设计的测试形式，用于检验学生在某个学习阶段或语言学习项目上的效果，并提供详细的诊断信息，包括学生掌握了哪些内容，在哪些内容上有欠缺等，以合理安排教学内容。Davies 等（1999）提出诊断测试是用于诊断学生语言能力中的强项与弱项的测试，可用于分级 / 分班目的，也可用于挑选 / 选拔目的。Alderson、Clapham 和 Wall（1995）也明确了诊断测试的概念，即确定学生在哪些方面有欠缺，但测试内容可宽泛（如学生在听、说、读、写四项主要语言技能上哪项有欠缺），也可具体（如学生在某项语法运用中有哪些欠缺）。Alderson（2005）从测试目的与使用的角度，指出诊断测试的设计初衷是测出学生语言知识与使用中的强项与弱项，其中测强项将有助于定位学生语言能力的级别，而测弱项或欠缺方面应导向补救措施或后续教学；并且诊断测试需根据学生作答情况，提供详细的反馈报告，以便后续采取补救行动。

从上述简述来看，诊断测试是有关于过往学习表现与未来学习建议的促学测评形式（Davies，1968；Kunnan & Jang，2009），其概念主要包括两大要素：诊断要素（即诊断学生语言技能中的强项与弱项）和反馈要素（即提供详细的诊断反馈以供后续补救行动）。首先，诊断是诊断测试的核心要素，即通过开发与使用多种诊断手段（如测试、问卷等）来评判学生在目标语知识和技能中的强项与弱项。该阶段不仅需要判别强项与弱项，更需加强对弱项的测评（Alderson & Huhta，2011），以便将弱项进一步具体化、明晰化。其次，反馈是介于诊断与后续补救行动的桥接要素，通过将诊断结果加以总结、概述并以不同形式展现给教师、学生等涉考者。该过程要求反馈报告清晰、明确、详细地呈现学生的强项、弱项与总体能力水平（Kunnan & Jang，2009），为开展后续补救行动奠定基础。

　　因此，从宏观角度来看，诊断测试被定义为诊断学生目标语言能力中的强项与弱项，并为后续学习提供具体的诊断反馈与指导（Jang，2012；Jang & Wager，2014；Lee，2015）。从微观角度来看，对诊断测试的更具体特征，学界仍在深入相应理论研究。诊断测试有别于其他类型测试之处在于诊断测试注重对学生语言技能中强项与弱项的测评（Davies et al.，1999；Alderson，2005）。Alderson 和 Huhta（2011）强调了诊断测试更注重对学生语言技能中弱项的测评，并提出了诊断测试有别于其他类型测试的区别性特征，具体如下：

　　1）相比综合测试，诊断测试更可能是分离式测试，即相比综合能力，诊断测试更注重具体能力；

　　2）相比水平测试或其他类型测试，诊断测试较缺乏"真实性"；

　　3）诊断测试通常是低风险或无风险；

　　4）诊断测试不易引发焦虑或情感障碍，从而达到最佳测试表现；

　　5）诊断测试结束后将即时提供或尽快提供结果反馈；

　　6）诊断测试可能采用计算机辅助的形式；

　　7）针对学生对测试题目或任务的作答情况，诊断测试会提供详细的分析与报告；

　　8）诊断测试会提供详细的反馈信息，并可据此采取行动；

　　9）诊断测试会涉及相应的教学补救措施；

10）相比语言技能，诊断测试可能更关注语言；

11）相比更综合的高等级语言技能，诊断测试可能更关注"低等级"语言技能；

12）诊断测试受二语习得及应用语言学理论与研究的影响；

13）诊断测试是基于教学中已经或将要涵盖的内容，或基于特定的语言发展理论（相比整体型理论，精细型理论更优）。

上述所列的区别性特点较为全面，基本涵盖了诊断测试在设计、开发与使用中可能存在的问题、形式与特点，但这些特征在很大程度上具有推测性，是对诊断测试发展的探讨性议程，而非诊断测试设计与应用的必要性条件（Alderson，Brunfaut & Harding，2015）。鉴于诊断测试的理论研究仍有不少问题亟待解决，如诊断测试包含哪些方面，诊断测试应采用怎样的步骤，如何提高诊断测试素养，以及诊断后的应对措施是否属于诊断测试的一部分等问题（Alderson，2005，2007），Alderson、Brunfaut 和 Harding（2015）通过采访不同行业领域的专业人士（包括机械、计算机运维、医学、护理、心理学、语言教育、识字教育等），探讨不同行业对"诊断"的理解，并概括出诊断测试的五大跨行业特征，具体如下：

1）诊断测试使用者应具备一定诊断测评素养；

2）诊断工具的设计应具备用户友好性，便于课堂使用，并提供详细的反馈报告；

3）诊断测试的过程应考虑不同涉考者的看法（如学生的自我评估等）；

4）诊断测试应属于一个系统性体系，包括如下四个诊断步骤：倾听／观察，初始评估，测试工具使用，专家帮助、决策；

5）诊断测试应导向介入或应对治疗，以利于提升学习效果。

学界从本学科和跨学科视角对诊断测试基本特征的探讨不断推进，涉及测试设计、使用、预期后效、涉考者等方面，均是诊断测试重要的特征。如下我们将在前人研究的基础上，对诊断测试的基本特征展开梳理，并介绍可能存在的问题。

1. 弱项语言技能的诊断

诊断测试的主要目标是诊断学生语言技能中的弱项，而相应的弱项可具体到某种缺失、错误理解、未完全掌握的知识或技能、未学知识或技能等情况（Alderson & Huhta，2011；Lee，2015）。就"弱项"的相关表述，学界已有不少委婉之词，如"有待改进的方面"（Huff & Goodman，2007；Lee & Sawaki，2009）、"学生需要更多帮助的方面"（Alderson，Clapham & Wall，1995）、"有待提升的能力"（Hirch，2014）、"学习潜力"（Poehner，Zhang & Lu，2015）等，以此突显诊断测试的积极作用以及学生的教学可塑性。

从诊断信息的精细化出发，测试设计开发人员不仅要考虑如何区分弱项和强项，还需考虑弱项的具体程度和掌握程度。例如，弱项是一个由弱至强的连续体，其间分为不同程度的弱项，这是理想的状态（Lee，2015）。在实际操作中，有关弱项的诊断信息应具体到何种程度，仍是学界讨论的重点。

2. 诊断反馈的精细化

诊断测试是对语言能力的微观分析，相应的诊断反馈是对语言能力的微观呈现，并且日益走向精细化，但学界对精细度的标准仍未有定论（Alderson，2005）。怎样的诊断反馈算精细？相比一个概括性的成绩总分，按主要语言技能（如听、说、读、写）来设计的诊断测试相对精细，而将某项语言技能再解构成具体的次生语言技能（如听力技能下的主旨性理解能力、细节性理解能力、推断能力等）则更为精细，可见诊断反馈的精细化是一个相对概念，但对精细程度缺乏明确的标准（Davidson & Lynch，2002）。

在不同的诊断测试情境下，如何确定诊断测试及其反馈的最佳精细度，是测试设计的重点环节。Lee（2015）提出三步走的策略：首先，诊断精细度可视为一个连续体，而不是精细与非精细的两分法概念；其次，诊断反馈应导向后续学习，测试设计人员可思考何种精细程度的诊断反馈对后续补救学习最有效，或最有利于学生和教师采取补救行动；再次，诊断设计人员还可考虑其他影响因素（如学生特征、测试目的、测试构念、测试设计、反馈报告的结构语言等因素）来决定诊断测试及其反馈的最佳精细度。

3. 目标能力的概念化

诊断测试一般会依据教学内容或语言理论来设计，假定学生的目标语言能力及其相应的能力组成体系，用于对比学生当前的语言知识与技能，以明确学习差距。在设定学生的目标语言能力体系时，假定的条件是各能力组成部件有效联动，以实现所要达到的能力目标，这是理想状态下对目标能力的概念化（Lee，2015）。在实际语言学习中，学生的总体语言能力发展会有程度差异，各语言能力组成部件的发展也有程度差异，这需要对学生目标语言能力设定要体现出级别差异，同时厘清各语言能力组成部件的能力级差。

目标语言能力是一种假设的能力，看似有一个概念化的设定标准，但似乎又没有一个统一标准。在对目标能力概念化过程中，仍有许多问题值得思考，例如目标能力能否按设计需要一一解构，目标能力是否真正体现学生的学习需求，试题如何设计以体现所设定的目标能力，如何确定目标语言能力体系中各组成部分的联动机制等。

4. 测试构念的多组件性

测试构念是基于能力或构念理论所作出的预测或假设（Bachman，1990），是测试设计工作首先需要考虑的环节。诊断测试的设计初衷在于诊断语言技能中的强项和弱项，所测构念可具体解构到各次生语言技能，体现出测试构念的多组件性，这也使诊断测试分数报道具有多层面性，即不仅包括测试分数，还包括对语言技能以及弱项与强项语言技能范畴下的次生语言技能的详细描述。

值得注意的是，在诊断测试设计过程中，因所测构念涉及各次生语言技能，设计人员需考虑各次生语言技能之间的关系，如补偿性和非补偿性关系。在补偿性关系中，学生不一定需要掌握语言任务中所涉及的所有各项语言技能，才能完满完成任务；在非补偿性关系中，学生在某项语言技能上的弱项，不能完全被其他语言技能上的强项所弥补（Lee & Sawaki，2009）。

5. 对教与学的影响

反拨效应（washback）是测试对教与学的影响，是测试后效（consequence）的重要组成部分（Bachman & Palmer，2010），也是测试设计、开发、使用过程中不可或缺的重要环节。反拨效应分为正面与负面，一个考试若产生负面影响，冲击教学，必遭质疑和抨击，这使其在教育测量界备受关注（亓鲁霞，2012）。诊断测试强调以诊促学，即通过考查学生过往所学或未学的语言技能，提供详细的诊断反馈，预期对教学产生正面的反拨效应。

相比非诊断目的的大规模高风险语言测试（往往对教与学产生较大影响），诊断目的的诊断测试则相对小规模、低风险；且通过弱项与强项的诊断，使其更满足教师与学生的需求，以发挥其正面反拨效应。但在实际应用中，诊断测试如何影响教学、如何通过诊断测试促进教学，仍是国内外语言测试和教学领域共同关注的焦点。

二、语言诊断测试的构念

语言诊断测试通常基于教学内容或特定语言发展理论来设计，侧重分离且具体的语言技能，而非整体能力，但适用于诊断测试的语言能力发展框架却较少（Alderson，2005）。因诊断测试需对学生的语言能力等级及其可能存在的强项与弱项作出评判，语言能力发展框架就显得至关重要。目前国内外已有面向不同国家或地区的特定的语言能力量表，如美国的《美国外语教学委员会量表》（ACTFL，American Council for the Teaching of Foreign Languages，1983，2012a，2012b）、澳大利亚的《国际第二语言能力量表》（ISLPR，Wylie & Ingram，1995/1999）、加拿大的《加拿大语言等级标准》（CLB，Pawlikowska-Smith，2000）、欧盟的《欧洲语言共同参考框架：学习、教学、评估》（CEFR，Council of Europe，2001）、中国的《中国英语能力等级量表》（CSE，教育部考试中心，2018）等。这些语言能力量表提供了多等级的外语能力描述，反映出某一国家或地区在特定时期的语言使用、语言学习与语言发展的标准，为诊断测试的构建提供了参照，便于诊断学生的语言能力等级以及语言技能中的弱项与强项，也便于诊断测试给予学生如何逐步提高其语言能力的建议。在诊断测试实践中，学界已研发了部分知名的诊断测试系统，如基于欧洲语言共同参考框架的欧洲在线语言诊断系统（下文将简称为基于欧框的欧洲在线语言诊断系统，DIALANG）、奥克兰大学学术英语诊断评估系统（diagnostic english language needs assessment，DELNA）、香港英语诊断跟踪系统（diagnostic english language tracking assessment，DELTA）、芬兰二语/外语阅读与写作诊断系统（diagnosing reading and writing in a second or foreign language，DIALUKI）等。这些诊断测试通常参照相关语言能力量表或语言能力理论来设定测试构念，并按较宏观语言技能来分块设计，如阅读、听力、写作、语法及词汇等语言技能。因此，本节将以目前学界有所研究的诊断能力，来分技能综述诊断测试的构念研究，即主要为阅读、语言知识、听力和写作诊断测试的构念研究。由于口语诊断测试的开发及研究极少（Liu，2014；Isbell，2021），本节将不作综述。

（一）阅读诊断测试的构念

要诊断阅读问题，必须首先明确阅读的本质及其构念的界定。阅读能力往往指学习者阅读和理解书面语言材料的能力，阅读的过程是学习者与文本交互的过程，较难观察与量化描述。在阅读诊断测试的研究领域，有关母语阅读诊断测试的理论研究相对较多，往往用于诊断母语学习中的阅读障碍、算术困难等（Bannatyne，1971；Clay，1979；Boder & Jarrico，1982；Guthrie & Wigfield，1997；Kintsch，1998；Carver，2000；Ehri & Snowling，2004；Snowling & Hulme，2005），外语阅读诊断测试的理论研究主要汲取相关母语的理论研究成果，且数量较少（Alderson，2000；Koda，2005；Grabe，2009；Alderson，Haapakangas，Huhta，Nieminen & Ullakonoja，2015）。外语阅读理论研究中阅读理解能力往往被分解为分离式阅读技能，如 Davis（1968）认为外语阅读能力涉及不同层次的能力要素，包括字面理解、推理理解、批判性理解等。Gough、Juel 和 Griffith（1992）认为阅读由解码和理解两部分构成，其中解码是字词识别的能力，而理解则包括对句子开展句法分析、理解句子在语篇中的意义、构建语篇意义、整合已知知识与文本信息等能力。Alderson（2000）认为阅读测试的构念应该包括词汇和意义识别技能、整合和评价技能、元认知能力和元语言能力等。这些理论研究从分离式技能的视角来界定阅读能力，为诊断学习者阅读问题提供了可能。

就母语与外语阅读能力的对比而言，两者最明显的差异在于所测语言不同，母语阅读诊断测试的语言为学生母语，掌握程度较高，所测构念主要为阅读相关能力；外语阅读诊断测试所测的构念为学生未掌握或未完全掌握的语言能力，外语阅读问题可能更多的是语言相关问题，其次才是阅读相关问题（Alderson，1984），这使外语阅读诊断测试的构念不仅需要涵盖较高等级的阅读理解能力，还要涵盖较基础等级的语言知识能力。两者的共通之处在于所测的阅读能力是多等级的能力体系，包含不同能力要素。其中较基础等级的语言知识能力有词汇知识（即识别词汇）、语法知识（句子与形态结构的句法分析、字词认读和句法的自动化分析）、工作记忆、注意力等能力要素，而较高等级的阅读理解能力有话题和背景知识、推断能力、构建文本意义的能力、分析和评价文本信息的能力等（Grabe，2009）。Alderson、Haapakangas、Huhta、Nieminen 和 Ullakonoja（2015）在母语与外语阅读问题上，进一步提出了阈限假设（threshold hypothesis），即在外语能力发展进程中学习者的外语水平存在某一阈值，当外语水平高于某一阈值时，母语阅读能力会向外语阅读能力迁移；当低于该阈值时，阅读能力的高低则取决于语言水平。这些理论研究从母语与外语对比的视角对阅读能力构念进行操作化分析，为阅读诊断测试的分技能设计提供了理论依据。

在外语阅读诊断测试实践中，所测构念常被设计为多等级的阅读能力体系，包括较基础等级与较高等级阅读能力，阅读过程需不同的能力同时发挥作用（Alderson，1990a，1990b），并且较高等级阅读能力是建立在较基础等级阅读能力的基础之上（Harding，Alderson & Brunfaut，2015）。在较基础等级阅读能力层面，词汇知识和句法知识是学生阅读并处理目标语文本信息需具备的基础知识，其中词汇知识包括字词认读（如字音识别、单词认读、字音对应）和字形知识（对字词的内部结构和规则的了解）；句法知识是对目标语句子结构和句法规则的了解。还需注意的是，在设定较基础等级的阅读能力要素时，需考虑目标语与母语在词汇与句法层面上的差异（Harding，Alderson & Brunfaut，2015）。通常在诊断测试设计时会将较基础等级阅读能力划分为语言知识或词汇语法知识（如包含语言组构知识与使用知识），以便诊断较基础的阅读能力，我们将在下文中单列小节来详述。在较高等级阅读能力层面，通常会按不同能力要素进行解构，如理解能力、推断能力、评价能力等。以目前学界已研制的阅读诊断测试系统为例，基于欧框的欧洲在线语言诊断系统将较高等级阅读能力设计为理解主旨大意的能力、获取具体信息的能力、进行推断的能力等阅读子能力。奥克兰大学学术英语诊断评估系统将较高等级阅读能力设计得更为具体，包括如下阅读子能力：

1）快速阅读的能力；

2）获取具体信息的能力；

3）把握因果关系、顺序与对比的能力；

4）区分要点和证据或支撑性观点的能力；

5）选取符合文本含义和语法结构的词汇的能力；

6）概括主要话题的能力；

7）依据文章中信息得出结论的能力；

8）区分事实与观点的能力；

9）换方式（如插入图表、地图等）组织文章中信息的能力。

香港英语诊断跟踪系统将阅读能力定义为高等教育情境下学生阅读和理解书面英语的能力。在对阅读能力进行解构时，将其设定为八项子能力，并按不同话题领域设定了阅读子能力的难度，即依据学生语言能力赋予各项子能力在不同话题领域中不同难度，具体的阅读子能力如下：

1）辨别细节信息的能力；

2）解释词义或短语义的能力；

3）理解主要与支撑性观点的能力；

4）理解并作推断的能力；

5）推断作者逻辑论证的能力；

6）推断作者态度或意图的能力；

7）理解字词间语法关系的能力；

8）辨别文本类型的能力。

如上的阅读子技能是部分诊断测试系统从诊断视角对阅读能力的解构，为阅读诊断测试的构念设计提供了操作化途径。虽然外语阅读诊断测试中常有类似操作，但以各项分离式技能来测评综合的阅读能力仍被学界质疑。相关研究有：Alderson（1990a，1990b）从阅读测试设计的角度提出了专家判断难以就个别题项所测的阅读子技能和阅读子技能的难度梯度达成一致意见，并且阅读子技能的难度较多取决于文本体裁和话题以及学习者的知识和阅读目的。McCray、Alderson 和 Brunfaut（2012）通过采用眼动技术和事后访谈法，发现学习者综合运用了各项阅读子技能而使其文本理解相近，但文本理解的差异则与学习者本身的语言水平有关。Brunfaut 和 McCray（2015）进一步从实证角度发现二语学习者会忽视或不使用文本中的句法信息，而优先使用更高等级的阅读子技能，这使学习者对文本理解出现偏差；相比之下，综合运用一些阅读子技能有助于促成正确理解。Harding、Alderson 和 Brunfaut（2015）认为在文本阅读或回答阅读理解问题时，不同阅读子技能并不是孤立存在，而是相互关联，以各种组合形式存在。

正如 Alderson（2000）就基于欧框的欧洲在线语言诊断系统设计所强调的，阅读诊断测试的设计规范体现了阅读理解的整体观，但也允许测试题目测量单一技能和多种技能。虽然学界对较高等级阅读能力的解构存在分歧，但对阅读能力有较基础等级和较高等级之分已是共识，且较基础等级阅读能力（如字词认读、字形知识等）是掌握较高等级阅读能力的基础。本文下一节将详述较基础等级阅读能力中的语言知识。

（二）语言知识诊断测试的构念

如上所述，在外语阅读诊断测试的理论研究中，较基础等级的阅读能力涉及学习者的语言知识，包括词汇知识和语法知识。对语言知识的宏观性测量并不能提供针对词汇知识或语法知识的微观性诊断信息，因此学界在设计相应诊断测试时，常对词汇知识和语法知识进行解构，将它们分别解构成不同能力要素，以便明确学习者在词汇知识和语法知识上的具体问题（Alderson，Haapakangas，Huhta，Nieminen & Ullakonoja，2015）。

要诊断外语词汇知识的问题，首先需明确词汇知识的定义与构念界定。词汇是语言意义的基本表达单位，学界有关外语词汇的研究起步较早，已证实词汇在外语教学中的基础地位，是检测学生语言知识和能力的主要方式（Richards，1976；Read，2000；Nation，2001；Schmitt，Schmitt & Clapham，2001）。在词汇知识的构念界定中，学界提出了不同的框架。例如 Richards（1976）提出词汇知识应涵盖如下七个主要方面：①词汇在口语或书面语中的常用性以及很多词的常用搭配；②词汇使用的语域范围；③词汇使用的句法特征；④词汇的词根和派生形态；⑤词汇的关联网络知识；⑥词汇的语义值；⑦词汇的多种不同意义。Nation（1990）从接受性知识和产出性知识的角度提出了外语学习中词汇知识的构念界定，主要涵盖如下八个方面：①词汇的口语形式；②词汇的书面语形式；③词汇的语法形态；④词汇的搭配形式；⑤词汇的使用频率；⑥词汇使用的得体性；⑦词汇的意义；⑧词汇的语义关联网络。Read（2000）将词汇知识归纳为形式、功能和意义三个层面，即掌握一个词，不仅要掌握它的发音和拼写形式，还要了解其深度知识，如语法范式、词汇搭配、使用频率、语境特征、语义功能和语义关联等。

上述词汇知识框架作为一种描述性的构念界定，涵盖各个维度的词汇知识，包括形式（口语或书面语）、语法（句法特征、语法形态等）、功能（使用频率、词汇搭配、得体性等）、词义（语义、语义关联网络等），但却不具有实际测量上的可操作性，即很难设计相应的测试题型，用以推断学习者的词汇知识体系（Meara，1996；Schmitt，1997）。从学界研制的词汇测试来看，关注点可分为：①词汇宽度层面的词汇量；②词汇深度层面的词汇知识质量。在词汇宽度层面，词汇知识侧重测量词汇量，即测量学习者所掌握的词汇数量，相应的测试有 Nation（1990）的"词汇等级测试"（vocabulary levels test）、Schmitt、Schmitt 和 Clapham（2001）的改进版"词汇等级测试"等。在词汇深度层面，词汇知识侧重测量词汇的读音、拼写、语法、搭配、使用频率、语域特征、语义和语义关联，即不仅测量学习者对词汇词义的理解程度，还测量学习者对词汇使用的搭配、语域、句法特征等的掌握程度。相应的测试有 Paribakht 和 Wesche（1997）的"词汇知识量表"（vocabulary knowledge scale）、Read（1993）的"词义关联测试"（word associations test）等。这些理论与应用研究从词汇知识的描述性界定到操作性考量，为词汇知识的诊断测量提供了参考。在设计词汇诊断测试时，其有用性或不显著，但测量学习者的词汇广度和深度却非常有用（Hughes，2003）。

以目前学界研制的词汇诊断测试系统为例，基于欧框的欧洲在线语言诊断系统将词汇诊断测试分为两个子测试：词汇量分级测试（vocabulary size placement test，VSPT）和词汇知识测试，即词汇知识构念被界定为词汇广度和词汇深度。首先，词汇量分级测试采用目标语中的真实词汇和假造词汇，以"是非"判断题形式来测试词汇量。通过词汇量测试来粗略诊断学习者的语言能力等级，如初级水平、中级水平或高级水平，便于将学习者分级后送入下一层级中符合其语言能力的分技能诊断测试。其次，词汇知识测试的目的不在于分级，而是关注深度词汇知识的各个层面，尤其关注各词义及其组合义的掌握程度，如关注词义的四个层面：引申意义、语义关联、词汇组合、构词方式。香港英语诊断跟踪系统也将词汇诊断测试设计为词汇知识测试，需要学生从四个选项中选出最符合语境的词汇或词组，旨在测试学生理解高等教育情境下的英语单词和词组的能力，其所测词汇来源于学术词汇表（academic word list，Coxhead，2000）。

语法是组织和表达意义的一种基础规则，语法知识是学习者经学习而掌握的有关构词、构句的语言规则，具体表征为语言系统上的陈述性知识和语言使用上的程序化知识。语言学习是一个不断从陈述性知识转化为程序性知识，继而成为一种自动能力的过程，形成语法能力，即准确使用语法结构来合乎情境地表达意义的能力（Larsen-Freeman，1991）。Rea-Dickins（1991）将语法定义为"句法、语义与语用的单一体现"。Larsen-Freeman（1991）将语法知识分为三个维度，即语形（准确性）、语义（意义性）、语用（得体性）。Purpura（2004）将语法知识作为语法形式和语法意义的两大高度相关成分的呈现，其中语法形式的知识指有关子句层面（subsentential level）、句子层面（sentential level）和语篇层面（suprasentential level）的一系列形式的知识（如语音、词汇、形态句法、衔接和互动等形式的知识），而语法意义知识涉及话语如何组构以表意。这些语法知识的构念界定略有差别，但均强调了语法结构的正确形式和意义的正确表达是语法知识的主要考查技能（Urmston，Raquel & Tsang，2013）。

此外，母语语法常被视为内隐性知识，如"语感"一般存在，学习者在语言使用过程中能自然娴熟地使用语法规则；而外语语法常被视为外显性知识，需经系统学习与运用而掌握；两者之间并非泾渭分明，而是存在互相内化与外化的过程。在外语语法知识的诊断测量方面存在较大难度，原因在于外语语法学习受母语语法影响，即语法学习问题常与学习者母语语法特征有关。Hughes（2003）认为外语与母语语法结构具有显著差异，且两者在不同语境下的比较测试，对于诊断学习者外语语法问题有重要意义。因此在设计语法诊断测试时，需要采用大量试题，全面检测学生对不同语境下外语与母语语法结构的掌握情况，也因此检测难度大。

学界早期设计的语法诊断测试有"伯明翰评估与诊断测试"（Birmingham assessment and diagnostic test，BADT），用以微观地诊断伯明翰大学留学生的英语语法学习问题（Johns，1976）。最初的版本涉及21个具体的英语语法问题（共计 130 道试题），后续版本有所扩增，为 24 个英语语法问题，涉及时态、语态、动词、介词、限定词、动名词、代词化、语序等问题。虽然测试题项均考查英语语法问题，但每道试题并未具体标注所考查的语法内容，且相关研究资料较少，该测试被学界视为一项有益的早期尝试。相对成熟的语法诊断测试则有基于欧框的欧洲在线语言诊断系统中的语法诊断测试，其语法构念并未参照欧洲语言共同参考框架（下文将简称为欧框）或语法理论来界定，而是依照教学传统，即根据语言教学中常常涉及的语法规则来设定，包括：1）学习者对词法 / 形态的理解与使用知识（包括名词、形容词、副词、代词、动词、数词及其他形态的曲折形式、语态、语境等）；2）学习者对句法 / 语构的理解与使用知识（包括组织 / 词性的词序和一致性，简单与复杂分句的并列、从属与指示关系，以及标点符号等）。香港英语诊断跟踪系统的语法诊断测试则是基于不同的语法知识构念定义来设计的（Urmston, Raquel & Tsang, 2013），具体考查的语法成分包括形容词、副词、衔接手段、限定词、动名词、不定式、宾语代词、分词、动词词组、介词、反身代词、关系代词、单复数短语、主谓一致等。Clark 和 Endres（2021）针对欧框中初级能力学习者 A2 的语法能力，以及剑桥英语课程体系（Cambridge English curriculum framework）中的语法学习目标，研制了相应的语法诊断测试，考查剑桥英语课程所要求的七项语法类别，包括形容词和副词、从句与语序、限定词、语态、介词、代词、动词，强调了语法能力的诊断需与课程及课堂教学相结合。

　　Shiotsu（2010）将语法知识界定为在句法范围内的句子结构知识、语序知识和词形知识，从其构念界定中可见其较侧重语法知识中的句法知识。该测试的具体编制步骤是：从托福写作考试（TOEFL TWE）和英语考试测评系统（TEEP）中选取部分试题，并略微改编，通过专家判断法对试题进行所测语法知识的标注（即句法知识或词汇知识），制成相应语法诊断测试（Shiotsu & Weir, 2007；Shiotsu, 2010）。该测试旨在将句法知识从词汇知识中剥离出来，但实际操作上却很难将词汇知识与句法知识清晰地分开。Alderson 和 Kemmel（2013）对该语法诊断测试开展了效度研究，同样采用专家判断法来对试题考查内容进行分析，发现该测试虽然旨在诊断句法问题，但很多试题所测内容并不明确，或是测词汇知识，或是测词汇与句法知识。这也表明了语法诊断测试在构念界定上一直存在的难点，即1）很难清晰地将句法与词汇问题分离开来；2）语法知识和词汇知识作为较基础的语言能力，与阅读能力有着千丝万缕的联系，难以做到泾渭分明。

（三）听力诊断测试的构念

要诊断听力问题，同样必须明确听力能力的本质及其构念界定。听力理解发生在学习者大脑内部，不是对听力材料的听觉辨别和简单解码，而是一种更为复杂且交互的过程，体现出语境背景下理解真实话语的能力（Brindley，1998）。这个过程涉及不同类型的知识，即语言知识和非语言知识，其中语言知识包括语音知识、词汇知识、句法知识、语义知识、篇章结构知识等；而非语言知识包括语境知识、话题背景知识、一般常识等（Buck，2001）。Buck（2001）提出听力理解过程还牵涉各类知识的使用顺序，分为两种单向二维过程：自下而上过程和自上而下过程。自下而上过程将语言理解视为是不同特定阶段或层次的单向推进，从语素、词汇、句法、语义到最终实现交流目的，是一个由微观至宏观的理解过程；自上而下过程将语言理解视为各类知识的相互作用、相互影响，这些知识的使用顺序并不固定，可以是任何顺序形式，也可以是同时进行形式，是一个知识交互影响的理解过程。Bejar、Douglas、Jamieson、Nissan 和 Turner（2000）认为听力理解过程分为听力过程和反应过程。听力过程涉及对声音信号的处理和对三种类型知识的运用，即情境知识、语言知识和背景知识；反应过程是基于声音信号的解码理解而产生一种反应，可以是作出某种选择，或作出书面或口头反应。

另有学者基于认知科学视角，认为听力理解是一个多种认知因素交互的过程，往往被分为两个阶段：前理解阶段和理解阶段。前理解阶段包括感知与识别，其中感知是指听觉器官对声波的接收，将其转换为电脉冲后，通过神经系统将其发送至大脑进行处理；而识别则是通过词汇切分（即界

定单词边界形式）和词汇提取来辨识音素和单词（Kintsch，1998）。如
Dunkel、Henning 和 Chaudron（1993）所提出的，前理解阶段的测评工作
较为徒然，缺乏一定的实际可操作性，因而理解阶段是学界的研究重点。
Kintsch（1998）认为理解阶段涉及从对句法知识的选择或建构（以自下而
上形式运用句法知识的情境）到串联识别词汇，并形成有一定熟悉度的句
子或语块的局部心理表征。有不同理论阐释了意义心理表征的建构过程，
如流程图法（flow chart approach）、心智模型（mental models）等。流程
图法主要涉及对语音信号的记忆流程处理，依次包括回声记忆、工作记忆
和长存记忆。具体为：语音输入暂时存入回声记忆，随后进入工作记忆；
其次，情感因素（如兴趣、动机等）可能会强化或弱化所听到的语音信息；
最后，通过控制处理或自动处理或两者兼有的方式，将工作记忆中的语音
信息进行加工处理，进入长存记忆；此时，语音输入信息与其他知识（如
语言知识、语境知识、一般性常识等）进行比较与合成，并将信息结果输
回工作记忆再处理，形成反馈循环。因此，篇章意义的理解是基于学习者
当前知识状态和对所听信息的各种推理而达成的（Buck，2001）。心智模
型主要涉及语篇在大脑中的三种呈现方式，即命题（propositions）、心智
模型（mental models）和意象（images）。命题指包含某个概念的简单思想，
对概念的描述或与概念相关的事物。但大脑不常以命题方式来处理信息，
而常以话语描述事件的形式来处理信息，基于内容来存储信息，即心智模
型。意象则是心智模型的简单视觉呈现。因此正如 Johnson-Laird（1985）
所指出的，对语篇内容的呈现方式仅有两种，即命题式呈现和心智模型，
而心智模型是目前最常用方式。心智模型是在大脑处理语篇过程中建立的，
Van Dijk 和 Kintsch（1983）将其作为理解模型的基础，在大脑处理话语时，
学习者构建语篇基础（即对语篇中命题的语义呈现）和情境模型（即语篇
内容的心智模型）。心智模型与真实世界在结构上相似，学习者并不记忆
语篇的语言或命题，而是记忆语义。学习者在所听信息不断输入的过程中，
不断更新与重构心智模型，为后续语篇意义的推断提供认知环境（Buck，
2001）。从上述对听力理解的理论研究可以看出，听力理解并不是对语言

信息的简单解码，而是涉及学习者各类知识、过往经验、情感因素等的复杂合成，是学习者对所听信息的不断推理与假设建构的复杂且多维的过程，属于非测评情境下听力理解模型。这为测评情境下的听力理解模型构建提供了理论依据。

测评情境下的听力理解模型不仅汲取非测评情境下的听力理论研究成果，也纳入了更多听力测评相关因素，有测试相关因素（如听力材料类型、问题类型）、考生相关因素（如考生背景知识、记忆力、个人特质）等。在设计听力测试时，需考虑听力材料、测试任务以及学习者之间可能的交互作用（Brindley & Slatyer，2002），以提高听力测试的构念效度。非测评与测评情境下的听力模型的差异还在于，后者将听力视为各类能力或子技能，不再强调听力理解机制的动态性，而强调通过量化方式来推断某一截面的听力理解能力，是对听力子技能的"静态"描述（Aryadoust，2021）。有不少学者尝试解构听力能力（Valette，1977；Aitken，1978；Richards，1983；Weir，1993；Buck，2001；Anderson，2009；Field，2013；Harding，Alderson & Brunfaut，2015；Rost，2016），对测评情境下的听力模型设计具有积极意义，便于对听力能力构念进行操作化分析和测评。

较具有代表性的研究如 Valette（1977），她从认知视角提出了听力技能的分类，从基础到复杂可以分为五个层次：①机械性技能；②语言知识；③应用；④交际；⑤评价。其中机械性技能是指通过死记硬背而非理解来处理所听材料；语言知识是指学习者所对语言事实、规则等的知识储备；应用是指学习者在新情境中使用语言知识；交际是指学习者自然而然地用语言来交际；评价是指学习者从有效性、得体性、语言风格、语气等方面来分析或评论语言材料，是认知领域里的最高层次技能。Aitken（1978）从交际语言能力视角提出了听力技能的分类，在处理与理解语音材料时，需掌握这七项技能：①理解并推断词义；②理解口语句法特征；③理解语音语调；④识别说话人目的；⑤总结并作推断；⑥辨别说话人态度与谈论的话题；⑦识别说话人使用的修辞技巧。Weir（1993）从测试设计的可操作性视角提出了四大块听力技能，每块技能下再细分多项子技能，具体包括：①理解直接意义，包括理解要点、理解主要内容或重要信息、理解具体信息、理解说话人态度或目的；②理解推断意义，包括作出推断、将话语与其社会情境语境相联系、辨别话语的交际功能、推断上下文中的词义；③促进意义理解成分，包括理解语音特征、理解语法概念、理解话语标记、理解从句或意义单元的句法结构、理解连贯性、理解词汇连贯性、理解词汇；④听与作笔记，包括抓取要点来概括语篇、选取相关重点。需要指出的是，Aitken（1978）和 Weir（1993）均从交际能力视角提出听力测试中需要包含的重要听力技能，而非穷尽式的交际听力技能；而 Richards（1983）则尝试作出更全面的听力技能分类，用于听力课程设计。具体而言，Richards（1983）从理论研究视角区分了会话听力技能和学术听力技能，其中会话听力技能包括 33 项子技能，涵盖对语音、语速、词义、语法结构、语句特征、话语的交际功能和话语连贯性的理解、推断与预测能力，调整听力策略的能力等；学术听力技能包括 18 项子技能，涵盖不同学术话题下对话语内容与目的的辨识能力，对说话人态度与观点的理解与推断能力，对不同语域、语速和语音下话语的理解能力等。虽然 Richards（1983）从听力课程设计角度详细探讨了听力能力需包含的子技能，但在听力测试设计上却缺乏可操作性，很难设计出覆盖面如此之广的诊断试题。Buck（2001）则在理论分类的基础上，结合实际听力测试中的试题，提出了 14 项重要的听力子技能，具体包括：①较快速处理语音输入的能力；②处理较低频词汇的能力；③处理较高词汇密度文本的能力；④处理较复杂结构的能力；⑤处理较长文本片段的能力；⑥处理信息密度较高文本的能力；⑦浏览短片段以确定听力目的的能力；⑧合成分散信息的能力；⑨使用冗余信息的能力；⑩使用词汇匹配策略的能力；⑪抑制浅层词汇联想的能力；⑫回忆（任意）名词的能力；⑬基于语篇作出推断的能力；⑭使用背景知识作出推断的能力。这些听力子技能为听力诊断测试的分技能设计提供依据，但仍有一定的局限性，如对各项听力子技能的界定缺乏明确的定义，多是理论上的假设，未经过实证研究的检验（Dunkel, Henning & Chaudron, 1993；

Buck，2001）。

另有学者从听力诊断测试设计视角提出了听力能力模型，将听力能力分为不同层次，较具代表性的有 Field（2013），Harding、Alderson 和 Brunfaut（2015）。Field（2013）提出的听力能力模型将听力能力分为五个层次：①语音输入解码；②词汇搜索；③句法分析；④语义建构；⑤话语表征。其中前三项子技能为较低等级的处理过程，分别依靠语音知识、词汇知识和句法知识，在学习者获得语音输入后，将从语音解码，进入词汇搜索匹配，再形成命题，达成对说话人字面意思的理解。后两项子技能为较高等级的处理过程，该过程结合语境、学习者对说话人意图的理解，解析命题，建构语义；需要学习者使用各种知识（如语用知识、一般常识、话语表征知识等）来理解话语意义。最高层级为话语表征，此层级的学习者将他们对话语的理解整合到对整个听力事件的理解中，牵涉到使用各种知识（内部知识如对语篇类型等的知识，外部知识如一般常识、语境知识等）和选择相关材料以整合到不断发展的宏观结构。在此理论模型基础上，Harding、Alderson 和 Brunfaut（2015）针对听力诊断测试，细化了各层次信息处理中所牵涉的听力子技能的测试任务，具体包括：①语音输入解码，涉及辨别音素、计算音节、识别重音音节、识别重音词、识别语调模式的测试任务；②词汇搜索，涉及识别单词、计算字数、联想所听词汇、听力词汇测试的任务；③句法分析，涉及消除"花园小径句"的歧义、判断语句正误的任务；④语义建构，涉及语用知识的听力测试、隐喻理解的听力测试、隐性信息测试、"社会聆听"知识测试的任务；⑤话语表征，涉及区分相关与无关信息、储存先前所听信息以供后期回顾与调整的任务。

以往研究从理论层面深入探讨了非测评情境与测评情境下听力的本质及其构念界定，通过对听力能力的描述、分析与解构，明确了听力理解过程所需要的子技能。结合学界对听力测试中听力子技能的效度研究，经研究论证的子技能主要包括如下七项：①理解细节信息；②理解关键词汇；③作解述；④理解推论；⑤区分主次信息；⑥理解说话人态度与意图；⑦得出结论（Aryadoust，2021）。在听力诊断测试实践中，所测构念基本围绕以往研究所探讨与论证的子技能。以香港英语诊断跟踪系统中的听力诊断测试为例，所诊断的听力能力包含六项子技能，分别为：①辨别细节信息的能力；②解释词义或短语义的能力；③理解主要和支撑性观点的能力；④理解并作推断的能力；⑤推断说话人逻辑论证的能力；⑥推断说话人的态度或意图的能力。

（四）写作诊断测试的构念

从语言测试研究与实践来看，写作测试的研究相对较多，但写作诊断测试的研究却相对不足。要诊断写作问题，同样必须明确写作能力的本质及其构念界定。在非测评情境下，学界主要从以下四个视角探讨了写作能力：技能对比视角、社会文化视角、认知视角和外语写作视角。从技能对比视角来看，写作能力被视为输出性技能，与口语能力有相通之处，也有很大差别。Brown（1994）提出了书面语与口语在文本特征上的七项差异，具体为：①在持久性上，口语具有转瞬即逝的特点，需要大脑即时加工处理，而书面语则较为持久且可被反复获取；②在生成时长上，口语需要即兴回应，而书面语有更多的时间来计划、回顾、修改；③在时空距离上，交流双方在口语交流中时空距离较近，在书面语中时空距离则较远；④在拼写法上，口语在信息交流上能用的手段有限（如重音、音调、语调、停顿等），而书面语的表现手段较丰富；⑤在复杂程度上，相比口语的较短复合句与较多冗余，书面语常有较长复合句、较多从属结构；⑥在正式程度上，相比口语，书面语显得更正式；⑦在词汇特征上，相比口语，书面语倾向于用词更丰富，且低频词使用频率更高。虽然口语与书面语的差异较流于表面，但也在一定程度上厘清了写作技能的特征表现。从社会文化视角来看，写作是一种社会文化行为，发生在特定的社会文化背景中，是为完成特定目的而进行的语言活动，也是受目标读者影响的语言活动（Hamp-Lyons & Kroll，1997）。以学术写作学习为例，学术写作不仅仅是学习语法、词汇或修辞形式，更是对写作社会属性的学习，是引导外语学习者进入学术话语社区的写作学习过程，并且在该过程中不同文化背景可能造成不同的语言使用习惯（Weigle，2002）。从认知视角来看，写作是一种认知活动，相应的写作模型有：Hayes 和 Flower（1980）将写作过程置于任务环境（包括写作任务、所写文本）、长时记忆（包括话题知识、读者知识、写作计划等）、认知过程（包括构思、思想转化为文字、文字修改）之中，且写作并非线性进行，而是循环持续的过程。Hayes（1996）的写作模型将写作过程视为任务环境因素和个人写作因素的综合过程，其中任务环境因素包括社会环境（读者因素、写作过程中的合作者因素）和物理环境（所写文本、写作媒介因素如手写或打字等）；个人写作因素则是整个模型的重点，涉及工作记忆（语音记忆、视觉/空间模板、语义记忆）、动机情感（目标、倾向、信念态度、成本/效益估算）、认知过程（文本解释、反思、文本产出）、长时记忆（任务模式、话题知识、读者知识、语言知识、体裁知识）这四项个人因素的交互作用。从外语写作视角来看，外语写作与母语写作有着密切的联系，在学习者具备一定写作能力的情况下，写作能力可从母语迁移至外语。但外语写作受到诸多因素的制约，如学习者本身的外语熟练程度、外语知识储备、社会文化因素、动机情感因素等，都会影响学习者写作水平的发挥（Weigle，2002）。上述从不同视角揭示了外语写作的多因素性和复杂性，需考虑写作与口语技能的差异、社会文化因素、认知因素、外语写作的制约因素等，这为测评情境下的写作能力构建提供了理论依据。

在测评情境下，写作能力的测量不仅参照语言能力理论，也牵涉更多写作测评相关因素。写作测试常以直接测试的形式，测量学习者的语言应用能力，符合真实写作情境，但易受测试任务、评分员特质等因素影响（Bachman & Palmer，1996；Cumming，Kantor & Powers，2002；Wiseman，2012；何莲珍、孙悠夏，2022）。有不少学者从理论上系统探讨了写作测试的影响因素模型。例如，McNamara（1996）将写作表现置于中心，一方受学习者、写作任务的影响，另一方也受评分员、评分标准的影响。Skehan（1998）在此基础上对写作任务作了细化，除学习者会影响写作任务之外，任务特征和任务条件也会影响写作任务；并强调了评分标准会导致写作得分差异。Fulcher（2003）在该基础上作了更详细的模型补充与修正，全面呈现了影响写作表现的不同维度的因素，如在学习者维度，学习者易受个人特质、能力水平、任务相关的知识或技能的影响；在评分维度，评分员易受到评分员特质与评分培训的影响等，其中尤其强调评分标准受评分理念与所测构念的影响，在整个测试过程中起到重要作用。非测评与测评情境下的写作模型的差异还在于，后者从可操作性角度审视写作能力构念，将评分标准与写作表现纳入评分层面进行考量，并将评分标准视为所测构念的直观、简要体现（North，2003）。正如 McNamara（1996，2002）所指出的，写作测试的评分标准或暗示或明确地强调写作测试设计的理论依据，体现出所测的写作能力或技能。

在写作诊断测试领域，相应的测试设计较少，对所测构念的研究也较少。Alderson（2005）对写作诊断测试设计提出了提纲挈领的建议：诊断测试应依据语言理论或课程教学大纲；诊断测试应聚焦更微观的语言技能，而非整体能力；以及写作诊断测试应与其他类型的写作测试（如分级测试、水平测试等）有所区别。然而，写作诊断测试应如何有别于分级测试或水平测试中的写作测试？这是学界一直致力研究的重点。基于欧框的欧洲在线语言诊断系统中的写作诊断测试是间接写作形式，即通过使用填空题项、多项选择题项，离散地考查学习者在得体性、准确性和语篇组织上的"间接"写作能力。因间接写作测试脱离真实的写作情境，而写作是一种多因素交互作用的复杂过程，间接写作测试较难真实有效地测量出学习者的写作能力（Weigle，2002），现已不常用，取而代之的则是直接写作测试，通过限时即时的命题短文写作，直接考查学习者的语言应用能力，而写作诊断测试也应以直接写作测试形式来诊断学习者在写作能力上的强项与弱项（Knoch，2009）。

那么直接的写作诊断测试应测量哪些写作技能？写作评分标准作为所测构念的事实性体现（Turner，2000；McNamara，2002；North，2003），是研究写作诊断测试构念的一个重要方面，但相关研究却较少。Fulcher

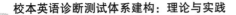

（2003）曾直言许多评分标准是凭直觉制定，例如一群语言教师或测试人员对原先评分标准稍作调整就制定了"新"标准。写作诊断测试的评分标准应基于语言研究理论，体现所测构念，以确保其测试效度。Knoch（2011）指出可作为写作诊断测试评分参考的语言能力理论或模型主要有四种：四项技能模型、交际语言能力模型、写作理论、专家判断模型。四项技能模型最初由 Lado（1961）、Carroll（1968）等学者提出，包含写作技巧、词汇、语法应用、语篇组织的语言技能，每项技能均由音韵拼写、词汇和语法三个潜在语言要素构成（North，2003）。虽然该技能模型简洁、便于操作，但未涉及内容质量与交际功能。交际语言能力模型是目前应用较多的能力模型，由语言知识、策略能力和真实交际情境中语言使用因素构成（Bachman & Palmer，1996；Douglas，2000）。其中语言知识包括语法知识、语篇知识、功能知识、社会语言知识；策略能力是管理语言使用与其他认知活动的一系列元认知能力或策略，主要包括目标设定、评估、执行控制等策略能力；真实交际情境中语言使用因素包括话题知识、个人性格和情感因素等。虽然该能力模型常被作为语言测试的理论能力模型，但却较难成为写作诊断测试的评分标准，即难以将相互关联的语言知识和策略能力分离开来，成为可以逐条量化的评分标准。写作理论其实是对所有试图解释写作活动的理论的统称，较具代表性的理论如 Grabe 和 Kaplan（1996）的语篇构建模型，牵涉七项基本成分：句法结构、语义映射、词汇、衔接手段、语篇连贯性、功能范畴（如语篇结构形式与语域）、非语言因素（如一般常识、世界知识等）。虽然该理论有助于厘清写作测试的构念，但仍不能清晰地落实到评分标准（Knoch，2011）。专家判断模型主要是指评分员作为评分专家所作的评分决策，评分决策往往带有主观色彩（Bouwer，Béguin，Sanders & van den Bergh，2015）。在依据评分员根据评分标准作出判断的同时，其决策还受多种因素干扰，较具代表性的模型如 Sakyi（2000）的整体式评分过程模型，评分员在整体式评分过程中，评分员会关注文本的内容和语言，形成其对文本的总体印象，并受评分员个人喜好或评分期待以及个人对行为的监控因素影响，最终形成一个概括性的得分。上述语言能力模型均从理论角度强调了不同能力要素的重要性，但在实际测试中不可能将模型中的每项能力要素都操作化，即模型中的部分能力要素（如真实交际情境中的学习者的个人性格和情感因素等）在实际测试中较难有效衔接写作测试的评分标准。

从写作诊断测试的实际出发，因写作诊断测试需评估并诊断学习者在微观写作技能上的强项与弱项，分项式评分是较优选择，作为分项的微观写作技能不仅需考虑语言知识、策略能力，还需考虑内容质量和语篇功能知识的应用等写作要素。Knoch（2011）从所写文本的评分视角出发，提出了写作诊断测试的评分标准设计需考虑如下八个层面的能力要素：①准确性（包括词汇、句法、语法上的准确性；词法/形态、功能知识上的准确性；错误类型、错误数量、错误的严重程度）；②流利度（包括文本长度、流利度、文本编辑程度）；③复杂度（包括词汇、句法、词法/形态、功能知识上的复杂度）；④写作技巧（包括拼写、标点、大小写、分段、布局）；⑤衔接手段（指衔接手段的运用）；⑥连贯性（指语篇连贯程度）；⑦读者/写作者互动程度（包括功能知识、社会语言知识；风格、立场和态度；观众意识）；⑧内容（包括主题发展、内容关联性、内容支撑度、逻辑性、内容量、任务完成程度、提示材料使用程度）。从评分标准视角来看，该尝试逐一陈列了写作能力要素，是对写作诊断测试构念的操作化界定。在实际测试中，对于待测的写作能力并没有一个放之四海而皆准的恒定不变的构念界定。测试设计者还应考虑具体写作测试情境，权衡目标学习者的语言能力和各能力要素之间的关系，确保所测构念的效度。

三、语言诊断测试的效度验证框架

语言诊断测试作为一种新兴的促学评价形式，通过诊断学习者语言能力中的强项与弱项，为后续学习提供诊断反馈与指导，但这种新兴的测试形式也涉及诸多效度相关的复杂问题：诊断什么，怎么诊断，以及如何对诊断测试进行效度研究，其中对诊断测试进行效度研究则是研究重点。效度验证是一项测试设计、开发、使用过程中不可或缺的基础环节。如果一项测试从设计目的开始就无效，那么基于测试分数所作的任何推论或解释也不可能准确（Alderson，Clapham & Wall，1995）。自现代语言测试的创始人 Lado 于 1961 年提出早期的测试效度概念至今，已有众多专家学者从不同维度提出了效度概念以及效度验证的框架。但在诊断测试的效度研究领域，目前尚未形成系统的效度理论及效度验证框架（Liu，2014）。本节将从不同维度探讨效度理论、效度验证框架，以及如何对语言诊断测试开展效度验证。

（一）效度的概念

效度是语言测试及其他教育测量质量评价的根本要求（Bachman，1990）。效度的概念最初源自教育与心理测量学，早期教育测量领域将效度定义为"效度问题即指一项测试是否测量了它所要测量的东西"（Kelly，1927：14），语言测试领域将效度概括为"一项测试测量了它本该测量的东西了吗？如果是，那么这项测试是有效的"（Lado，1961：321）。此后，语言测试领域对效度的研究与探讨不断深入，效度理论研究取得了重大发展，如下将作简要梳理。

Henning（1987）将效度定义为测试的适切性（appropriateness），即当一项测试或其中某部分测量了它想要测量的内容时，这项测试是有效的，并且这种有效性是相对概念，仅针对特定测试目的而言，并非所有测试目的。这一定义突出了测试开发设计与使用的目的性。他还强调了测试效度的程度性问题，效度并非全能概念，也不是一蹴而就的，测试的有效性具有或多或少的差别。这与 Alderson、Clapham 和 Wall（1995）对效度的概述一致，即就测试目的而言，测试的效度具有或多或少的程度差别，而非"有或无"的概念。Hughes（1989）对效度的定义侧重测量精确度，即如果一项测试精确地测量了它所要测量的东西，那么这项测试就具有效度。McNamara（2000）继而拓展了测试效度与测量精确度的关系，强调学习者在测试过程中的表现应是其真实语言能力的精准再现，测试效度取决于测试对学习者语言能力的真实反映程度。Weir（2005）进一步将效度与测试分数解释相关联，认为效度存在于测试分数的解释中，是测试分数对学习者语言知识或能力的准确表征程度。

Messick（1989）提出整体效度观，他将效度视为"经验证据及理论基础在多大程度上支持基于测试分数与其他测量方式作出某种推断与决策的充分性和适切性的综合评价"（Messick，1989: 13）。该定义与《教育与心理测试标准》（*Standards for Educational and Psychological Testing*）（APA，AERA & NCME，1999）的定义相似，即效度是指基于测试分数所作推论或决策在多大程度上具备有意义性、适切性与有用性；并且也同样强调证据与理论的重要性，即效度是指证据与理论在多大程度上支持基于测试分数的解释，且该测试分数由所提议的测试使用所限。Messick（1989）的效度渐进矩阵如表 2.1 所示，不同经验证据和理论基础构成了效度的多层面属性，即需要收集不同类型证据证明测试解释和测试使用是有效的，其中构念效度是测试解释与测试使用的核心证据，还涉及其他证据，包括测试分数的价值含义、测试使用的相关性／实用性、社会后果等证据，这些不同类型证据构成了整体效度概念中的不同方面（Bachman，1990）。同时，由表 2.1 可见，效度主要涉及证据层面和后果层面。效度的证据层面是指在特定情境下支持测试解释和测试使用的理据与实证证据，而效度验证需侧重收集实证证据，建立测试分数与分数解释之间的联系，确定和评估可能的反驳性解释（Messick，1989；Kane，Crooks & Cohem，1999；McNamara & Roever，2006），并且测试解释的可信度建立在相应反驳性解释的基础上（Messick，1989）。针对不同测试情境以及不同考试群体，测试分数解释是否具有适切性，需有持续的实证论证，因而效度具有不断演进的特性，测试的效度验证也是持续的论证过程（Messick，1996）。效度的后果层面则与测试分数的价值含义相关，也与测试解释与使用导致的社会后果相关（Messick，1996）。但效度的后果层面应具体涉及哪些要素、如何评估其中要素等问题仍有待细化

（Brennan，2006；Kane，2006；Xi，2007）。

表 2.1　效度渐进矩阵

	测试解释	测试使用
证据	构念效度	构念效度 + 相关性 / 实用性
后果	构念效度 + 价值含义	构念效度 + 相关性 / 实用性 + 价值含义 + 社会后果

（摘选自 Messick，1989）

Messick（1989，1996）的整体效度观进一步拓展了效度概念，既确立了构念效度是效度的核心证据（Alderson & Banerjee，2001），也明确了效度验证的对象是测试解释和测试使用（Davies & Elder，2005），将效度验证的范围拓展至相关性 / 实用性、价值含义和社会后果。但仍有许多研究者提出这一概念仅存在于理论层面，未能对如何开展效度验证提供方法性指导，例如，如何权衡与合成不同类型证据等（Chapelle，Enright & Jamieson，2010；Davies，2011；Kane，2012）。基于此，效度研究领域亟需操作性更强的效度验证框架。在语言测试领域，语言测试的开发设计与使用日渐增多，对教育教学的影响也日渐加深，特别是诊断测试作为新兴的促学评价方式，在开发设计与使用时更需重视其效度验证。下文将简要探讨后 Messick 时期的现代效度验证框架，为语言诊断测试的效度验证提供方法性启示。

（二）效度验证框架

效度验证即一项测试的效度构建过程（Davies et al.，1999）。在该过程中，评估论证的逻辑可成为有效的效度验证框架（House，1980；Cronbach，1982，1988）。在 Messick（1989，1996）整体效度观的基础上，现代效度验证框架趋于将效度操作化为一种评估论证（evaluation argument），侧重对测试解释和测试使用的评估论证。较具代表性的效度验证框架包括 Kane（1992，2004，2006，2012，2013a，2013b）的基于论证的效度验证框架；Chapelle、Enright 和 Jamieson（2008，2010）的托福效度验证框架；Mislevy、Steinberg 和 Almond（2003），Mislevy 和 Haertel（2006）等研究者的以证据为中心的评估论证模型；Bachman（2005），Bachman 和 Palmer（2010）等研究者的评估使用论证框架等。下文将作简要梳理。

Kane（1992，2002，2004，2006，2012，2013a，2013b）提出了解释论证，继而拓展为解释 / 使用论证框架（interpretation/use argument，IUA），进而完善成为基于论证的效度验证框架。解释 / 使用论证框架侧重对所倡导的测试分数解释与使用的效度验证，是一个从测试表现至所作推论及实际决策的推论与假设网络；基于论证的效度验证框架则是结合解释 / 使用论证和效度论证（validity argument）的系统化验证框架，是对所倡导的解释 / 使用论证的评估（Kane，2012，2013a，2013b）。

解释 / 使用论证框架旨在澄清所倡导的测试分数解释与使用，主要涉及评分、概推、外推和决定这四项推导过程（详见图 2.1），但并非所有测试的效度验证会覆盖这四项推导过程（Kane，2013a，2013b）。以一项语言测试为例，在学习者完成测试任务后，其所测结果往往会用于得出某种结论或用于某种决策。那么如何运用解释 / 使用论证对该测试进行效度验证？解释/使用论证过程主要运用四项推导过程来对测试进行效度验证。第一个推导过程为评分（scoring），即观察学习者测试表现，经评分推导出一个观察分，并且该过程的推导合理性主要基于两个假设：一是评分标准具有适当性，二是基于判断或统计标准的分数整合规则具有适当性。第二个推导过程为概推（generalization），即通过对所观察的学习者表现来概推得出可能观察到的预期表现的主张，或概推得到可用于概括未来表现的预估特征值。该过程的推导合理性主要取决于概推假设，即对学习者样本的抽样假设（如随机抽样或代表性抽样等）或对特征值与预期全域表现之间关联的假设。概推过程可能并不会影响测试分数在数值上的呈现，但能大大扩宽测试分数的含意与意义。第三个推导过程为外推（extrapolation），即将测试分数的解释推延至新的表现评估领域。换言之，通过对学习者在特殊限定情境下全域分的推断，预测其在其他情境下的表现，或外推其在不同情境下不同学习任务中的表现。该过程可能主要基于经验，也可能基于回归统计模型或实证数据。如上三个推导过程为 Kane 早期的解释论证，为解释 / 使用论证框架的较早形式（Kane，1992；Kane，Crooks & Cohen，1999），后经完善，增加了第四种推导过程，即决定（decision），将测试分数用于实际决策（Kane，2004，2006，2012，2013a，2013b）。该过程的推导合理性主要取决于不同决策对不同测试得分学习者的影响假设。该过程被 Bachman（2002，2005）和 Bachman 和 Palmer（2010）称为使用（utilization），这使整个解释 / 使用论证框架更符合真实情境下的测试使用。

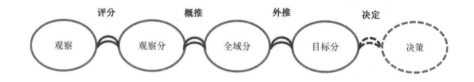

图 2.1　解释 / 使用论证框架

（改编自 Kane，Crooks & Cohen，1999；Kane，2013a，2013b）

同时解释 / 使用论证框架也是一个假定性论证，其中的每个推导过程都具有假定性，即相应推论的确立具有不确定性，每个推导过程都需要运用 Toulmin（1958/2003）的推断模型（图 2.2）来进行推导论证。每个推导都以数据（datum）开始，以主张（claim）结束，中间环节主要依靠理据（warrant），而理据则需要相关的证据来源（backing）来支撑；但假定性的理据并非绝对可靠，往往需要某种限定（qualifier）以显示通过理据而表现出的强弱关系；例外情况（exceptions）或反驳情况（conditions of rebuttal）可能与支持性理据相反，可质疑主张（Kane，2004，2013a，2013b）。测试分数的解释与使用需要经过推导链的证实与证伪，才能从学习者的抽样测试表现推导至基于目标分作出的决策。通过运用 Toulmin（1958/2003）推断模型，解释 / 使用论证澄清了测试分数解释与使用的内在逻辑，并细化了从所观察的测试表现至基于测试分数所作推论的论证步骤。

图 2.2　Toulmin 推断模型

（摘选自 Kane，2013b）

效度论证是对所倡导的测试解释 / 使用论证的全面评估，主要从清晰性（clarity）、条理性（coherence）和合理性（plausibility）评估测试解释 / 使用论证；其论证逻辑为：如果测试解释 / 使用论证完整且合乎逻辑，其推导合理，且推导的支撑理据与相应支撑证据均合理且有效，那么所倡导的测试解释与使用具有有效性（Kane，2013a，2013b）。在回顾并审查测试解释 / 使用论证的完整性与条理性后，效度论证主要聚焦于评估测试解释 / 使用论证中推导过程与推论假设的合理性。测试解释 / 使用论证中涉及不同推导过程与推论假设，因此效度论证过程需要收集并分析不同类型的证据来加以评估。评分过程需要侧重评估专家对评分标准的判断与评分标准应用的一致性。概推过程既需要评估学习者样本的抽样是否具有代表性或随机性，也需要采用概化分析或信度分析来评估所抽取样本是否足够大，以控制抽样误差。外推过程需要实证证据，能将测试分数与新领域的表现相关联，也需要对所测技能与新领域中技能的重叠部分进行分析。决定过程需要证据来全面评估测试的后效，论证其是否达到预期目标，并且没有极其负面的测试后效。

在基于论证的效度验证框架下，测试本身、测试解释 / 使用论证和效度论证是一个有机整体，测试开发阶段旨在开发测试与开展测试解释 / 使用论证，不断调整测试本身与论证框架以照应所倡导的测试分数的解释与使用；测试评估阶段旨在批判性地评估测试解释 / 使用论证中的各主张，侧重论证测试分数解释的其他可能假设或潜在假设，并开展针对测试解释 /

使用论证中似是而非假设的实证研究（Kane，2013b）。效度验证的目的不在于为分数解释提供支持，而在于找出其中的问题，证实与证伪相关推论与假设（Cronbach，1988）。基于论证的效度验证框架侧重对测试分数的多层面意义的系统性解释与论证，将难以定义的测试构念纳入了测试分数解释，大大提高了测试效度验证的操作性（Chapelle，2012）。

基于 Kane（1992，2002，2006）的解释论证框架，Chapelle、Enright 和 Jamieson（2008，2010）提出了针对大规模高风险考试的解释论证框架，即托福考试解释论证模型（详见图2.3）；并对托福考试解释论证模型开展效度验证，即采用效度论证对该模型进行批判性评估，通过层层论证，评估关于托福考试中学习者的考试表现能否衍推至对考试分数的使用（即是否具备在英语为母语国家学习的语言能力）。

托福考试解释论证模型主要基于托福考试分数的解释与使用开展，涉及目标域描述、评估、概推、解释、外推和使用这六种推导过程，且每个推导过程的论证都依据逻辑推断模型来评估理据与假设以及是否能得出上一级主张。图2.3列示了托福考试效度验证中所涉及的六种推导过程。第一个推导过程为目标域描述（domain description），即依据考试目的，将目标语言使用域中学习者表现与测试域中对学习者表现的观察相关联，需要开展目标域分析，确保托福考试所考查的知识和技能与实际英语情境中所需能力相符。第二个推导过程为评估（evaluation），即通过评估学习者考试表现的观察，得到体现目标语言能力的观察分，确保所得观察分的合理性。第三个推导过程为概推（generalization），从观察分概推估算类似测试中的预期表现水平，其支撑理据是"观察分是对平行任务、考试、管理与评分条件综合作用下预期分的估算"（Chapelle，Enright & Jamieson，2008）。该过程对标准化考试尤为重要，有助于建立标准化考试分数的可比性。第四个推导过程为解释（explanation），将预测分与语言能力构念相关联，这需要构念效度验证相关的多层面研究支撑，如对学习者话语与认知过程的研究、测试任务特征与难度研究等。第五个推导过程为外推（extrapolation），即通过校标关联效度研究，将语言能力构念的外推得出真实语言使用情境中学习者表现质量的主张。第六个推导过程为使用（utilization），将目标分用于考试使用，确保托福考试对学习者在英语教学的高等教育机构中表现的估算能有助于利益相关方作出合理决定，包括学校录取决定、教学课程设置等。

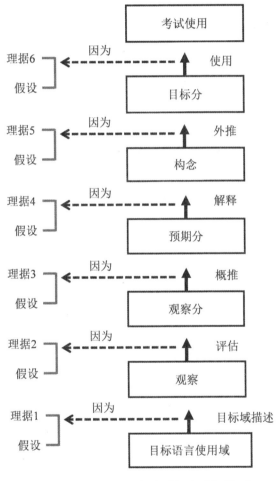

图 2.3　托福考试解释论证模型

（摘选自 Chapelle, Enright & Jamieson, 2008）

　　如图 2.3 所示，从目标域描述推导至使用的论证过程均运用了 Toulmin（1958/2003）推断模型，每个推导过程都涉及主张、理据、推论、数据，通过收集层层证据来支持并夯实上一级主张，为所倡导的分数解释与使用提供理论依据，也为效度论证的开展提供了行动指南。效度论证则是对托福考试所倡导的分数解释与使用进行批判性评估，主要从论证的条理性、支撑证据的质量与充分性、反驳其他解释的证据来评估。

相比 Kane（2004，2006，2013a，2013b）基于论证的效度验证框架，Chapelle、Enright 和 Jamieson（2008，2010）的托福考试效度验证模型增加了两个推导过程：从目标语言使用域到观察的目标域描述过程，从预期分到构念的解释过程。目标域描述是对目标语言使用域中任务特征的描述与分析，该过程的必要性在于可拓展测试分数的概推范围，为作出基于评估的推导提供证据（Bachman，2002）。测试构念则是语言测试的研究重点，任何语言测试的理论构念都不是先验存在的实体，而是在前期工作、概念探索与实际需求的基础上构建的（Chapelle，2012）。该效度验证模型中更清晰地列出了构念在预期分与目标分中的作用，便于更准确地构建理论构念，也便于收集相应的证据对理论构念进行检验，确保考试效度。

另有 Mislevy（2003），Mislevy、Steinberg 和 Almond（2003），Mislevy 和 Haertel（2006），Mislevy 和 Riconscente（2006），Mislevy 和 Yin（2009）等研究者提出以证据为中心的评估论证模型（evidence-centered design，ECD）。该模型组件包括测评目的、目标域能力概念、基于证据的论证、测试设计、实施过程，实现了从概念到实践的测评组件的统一，是一个集测试设计、效度验证、试题命制、试题传输、测试实施与发布的系统性框架。该模型有效地将测试的四个方面有机联系起来，即测试目的、测试内容、效度证据、所测试题，并且该模型的重点在于搜集效度证据，简化了整个测试设计流程，避免了其他内容或形式的干扰（Williamson，Bauer，Steinberg，Mislevy & Behrens，2003）。在效度验证方面，该模型的核心理念是将测评视为实质性论证，测评是测试目标与过程的综合，强调效度验证中基于证据的论证。

以证据为中心的评估论证模型同样将论证视为效度验证的基石（Messick，1989；Kane，1992，2006，2012），其论证模型涵盖语言测试设计与开发的全过程，以及测试效度验证的各个阶段，主要包括如下五大步骤：域分析（domain analysis）、域建模（domain modeling）、概念性测评框架（conceptual assessment framework）、测评实施（assessment implementation）以及测评发布（assessment delivery）。表 2.2 简要列示了以证据为中心的评估论证模型。

表 2.2　以证据为中心的评估论证模型

结构层	作用	关键概念
域分析	收集目标域中对测评有直接启示的各方面信息；知识是如何被建构、习得、使用与交际的	域概念、术语、工具、知识呈现、分析、使用情境、交际模式
域建模	基于域分析的信息，以叙述方式表述评估论据	知识、技能和能力；不同且特有的任务特点、潜在工作产出、潜在观察结果
概念性测评框架	在任务与测试的结构与规范、评估过程以及测量模型中表述评估论据	学习者、证据与任务模型；学习者、可观察变量、任务变量；评分标准；测量模型；考试组卷规范；任务规范等
测评实施	实施测评，包括演示测评任务、校准测量模型等	任务材料（包括所有材料、工具、功能可见性）；小规模试测，以完善评估流程和拟合测量模型
测评发布	学生与任务的交互作用：任务与考试评级；成绩报道	所呈现的任务；所创建的工作产品；所评估的分数

（摘选自 Mislevy & Haertel，2006）

第一个步骤为域分析，指对所要评估的目标域的概念框架与结构框架的分析。这需要收集对测试有直接启示的大量各类信息，主要涉及相关域概念、术语、工具、知识呈现、分析、使用情境、交际模式等，便于测试设计者与开发者了解目标域中所涉及知识、典型形式、任务特点、激发知识与策略使用的情境特点等，为其后的结构层作铺垫（Mislevy & Haertel，2006）。第二个步骤为域建模，即按测试论证的顺序来组织通过域分析所收集到的信息及关系。在该步骤中，测试设计者与开发者、教师等相关人员需共同合作来阐释测试所测构念，避免陷入测试技术层面的解释。该步骤依据 Toulmin（1958/2003）推断模型，侧重以叙述方式表述评估论据，并将该信息组织方式称为设计模式（design pattern），涉及不同层面的特征：基本原理（即重要知识、技能和能力与不同使用情境中涉及的知识能力的证据关联性），重要知识、技能和能力（即设计模式中设定的基础知识／技能／能力的目标），其他知识、技能和能力（即设计模式中可能涉及的其他知识／技能／能力），潜在工作产出（即从学习者所言所为来看其他构成知识、技能和能力的证据），潜在观察结果（即对学习者言行特征的观察以构成相关证据），测试任务典型特征（即测试情境相关的必要证据），以及测试任务的不同特征（即不同测试情境方面，用以调整任务难度或焦点）（Mislevy & Haertel，2006）。该步骤对测评实践的改进非常重要，尤其是对认知心理学相关的高层次推理与情境行为能力的测评改进更为重要。第三个步骤为概念性测评框架，规定了测评操作中所涉及的各方面技术事项，包括操作说明、操作规范、数理模型、准则制定等，具体包括五个模型，分别是学生模型（即确定对学生能力测量的变量，用于解释测试内容，包括知识、技能和能力等）、任务模型（即描述学生言行表现发生的情境，并详述学生表现的考查形式）、证据模型（即由证据模型的评估方面与测量方面的证据链来推断学生的知识与技能，并细分为评估成分和测量成分，起着连接学生模型与任务模型的桥梁作用）、组装模型（即规定构成测试的任务组合）以及呈现模型（即规定测试任务的呈现方式，限定测试任务与学生的交互作用以及获取学生表现等）（Mislevy，Steinberg & Almond，2003；Mislevy，Steinberg，Almond & Lukas，2006）。其中前三个模型（学生模型、任务模型、证据模型）从总体上定义了任务形式、评估步骤以及学生模型变量价值的更新机制；而后两个模型则规定了前三个模型的测试元素如何在测试情境下组装与呈现。第四个步骤为测评实施，具体执行概念性测评框架中的操作规范，包括编写测试任务、制定评分标准、评估测量模型参数、明确测试形式、计算组卷参数等。第五个步骤为测评发布，涉及学生与测评任务间的交互作用、对学生测评表现的评估、成绩报道以及教学反馈等问题。这五个步骤构成了以证据为中心的评估论证模型，在测试设计开发、实施与发布过程中环环相扣、相辅相成。该模型虽然较为抽象，但在测试设计与开发方面，因其严密的逻辑推理和实用的测试设计指导而备受青睐（McNamara，2006）。

以证据为中心的评估论证模型也同样融入了 Toulmin（1958/2003）的逻辑论证结构。图 2.4 描述了 Toulmin 论证结构，其论证要素包括主张（claim）、数据（data）、理据（warrant）、支撑证据（backing）、其他解释（alternative explanation）和反驳证据（rebuttal），其逻辑关系包括所以（so）、因为（since）、除非（unless）、根据（on account of）和支撑（support）。在论证过程中，从数据出发，通过陈述理据来推出主张，并依据反驳证据形成其他解释来证伪或限定主张，形成互相联系且制约的基础论证逻辑。在实际论证时，论证结构往往会比图 2.4 中的基础结构更为复杂，会涉及更多的主张、数据、各推理链、各主张和各数据间的相互关联。图 2.5 列示了实际论证时的论证结构。

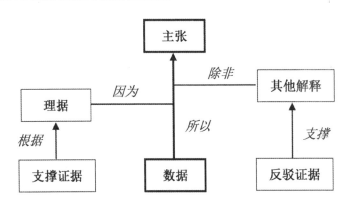

图 2.4 Toulmin 的论证结构

（摘选自 Mislevy，2003）

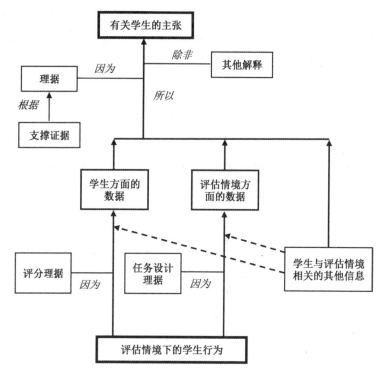

图 2.5　以证据为中心的评估论证模型的论证结构

（摘选自 Mislevy & Yin，2009）

以证据为中心的评估论证模型在运用 Toulmin（1958/2003）的论证结构对语言测试进行效度验证时，涉及主张、数据、理据、其他解释和反驳证据。实际论证过程涉及诸多问题，例如可能会仅涉及多类数据并进而推出某一主张，也可能会基于多类数据、支持性理据以及其他反驳性解释而推出某一主张。如图 2.5 所示，该论证结构的终点是评估情境下有关学生的主张，通过两类测评数据的理据支撑以及其他解释或反对性解释的反驳而得出；而该论证结构的起点则是评估情境下的学生行为，依据该学生行为推出评估情境下与学生相关的两类必要数据，其一是通过评分理据推出的学生方面的数据，其二是通过任务设计理据得出评估情境方面的数据，而学生与评估情境相关的其他信息也会或多或少地影响这两类数据的得出。需要注意的是，评估论证结构中的数据源自对学生行为的解释，而非学生行为本身；且该解释是经理据评估而得出的推论（Mislevy & Yin，2009）。在测试设计与开发方面，该模型综合了以任务为中心和以能力为中心的评估模型，可以用一个单一的推理链来关联学生行为表现与其语言能力推论，对效度证据的举证模式有所启示（Chapelle，Enright & Jamieson，2008）。但该模型也存在一定的局限性，如缺乏对语言测试社会维度的考虑，包括对语言能力社会属性的分析与测量、语言测试的社会应用与影响等（McNamara & Roever，2006）。

Bachman（2005），Bachman 和 Palmer（2010）等研究者提出了评估使用论证框架（assessment use argument，AUA），用以指导测评设计开发与效度论证。图 2.6 描述了该框架的推论结构，包括预期 / 实际后效、预期 / 实际决策、有关考生语言能力的预期 / 实际解释、测试记录以及考生在某一测试任务中的表现。两种相向的箭头符号则表示该框架的应用流程，自上而下的方向表示该框架可用于测试设计与开发，可为测试设计与开发提供理论指导；自下而上的方向则表示该框架可用于测试解释与使用，可为测试效度验证提供参考。在该框架中，每项推论环节都经 Toulmin（1958/2003）论证结构的逻辑论证而得出，即对每项推论进行举证，基于数据推出主张，并提供证据来支持理据与主张，也可以提供反驳证据来证明相反的解释（如图 2.4 所示）。各项推论环节层层论证、环环相扣，每项推论的得出也被称为一个"主张"，应具备该推论环节必备的属性，如下是 Bachman 和 Palmer（2010：103）对图 2.6 中各推论环节的主张的解释。

（1）预期 / 实际后效的主张：一项测试的后效以及基于测试所作的决定对所有测试相关者都具有裨益性。

（2）预期 / 实际决策的主张：基于分数解释所作出的决定考虑了社会价值与相关法律要求，并且该决定对所有测试相关者都具有公平性。

（3）有关考生语言能力的预期 / 实际解释的主张：对所评估能力的解释是有意义的（考虑到某一特定的课程提纲、目标语域中所考查的能力、语言能力的概括性理论，或以上几点的任意组合），该解释对所有考生是公正的，能概推至目标语域中的能力，与所要作的决定相关，并能充分支持所要作的决定。

（4）测试记录的主张：在不同的测试任务与测试过程以及不同的考生群体中，测试记录（分数或描述）具有一致性。

在测试设计与开发时，应遵循自上而下的流程，首先需考虑的是测试后效，即测试结果的使用对整个社会是否具有裨益性，最后考虑的是测试记录，即对考生测试表现的记录（分数或描述）是否具有一致性。在对测试进行解释与使用时，应遵循自下而上的流程，首先需考虑的是测试记录的一致性，最后考虑的是测试后效的裨益性。因此，评估使用论证框架赋予各推论环节相应的测试属性（如后效裨益性、决策的价值敏感性与公平性、能力解释公平性与概推性等），将不同层面的效度概念（如后果效度、评分效度、构念效度等）纳入统一整体；并运用 Toulmin（1958/2003）逻辑论证结构，通过证实与证伪的方法将测试中的各个推论环节有机关联起来，构成一个不断举证论证的整体。

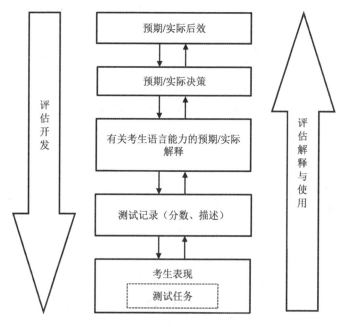

图 2.6　评估使用论证框架

（摘选自 Bachman & Palmer，2010）

上述基于论证的效度验证模型（如解释/使用论证框架、托福考试解释论证模型、以证据为中心的评估论证模型、评估使用论证框架等），因设计理念不同，对测试使用中的各个环节均有不同侧重。例如，解释/使用论证框架侧重从评分至决策的推导过程；托福考试解释论证模型侧重从考试表现至考试使用的推导过程；评估使用论证框架侧重从考生表现至测试后效的论证过程；以证据为中心的评估论证模型则强调考试设计开发的全过程和效度验证的各阶段。这些模型的共通之处在于均遵循效度验证即评估论证的思想，均强调使用 Toulmin（1958/2003）的逻辑论证结构来证实或证伪推论，对基于测试分数的解释和使用提供证据支持。

（三）语言诊断测试的效度验证框架

效度是语言测试及其他教育与心理测量质量评价的根本要求（Bachman，1990），新兴的诊断测试也必须开展效度研究，将其置于预期或实际的分数解释、使用和后效的论证中，以实据来证明其效度。在学界对诊断测试的效度研究中，所用的效度验证模式主要为两类，一种是沿用基于论证的效度验证框架，另一种是构建特定的效度验证框架。如下将对这两种框架作简要梳理。

在沿用基于论证的效度验证框架的研究中，基于论证的效度验证模型为测试分数的解释和使用提供了概念性结构，在测试效度研究中应用较为广泛。常用的效度验证框架包括 Kane（1992，2004，2006，2012，2013a，2013b）的基于论证的效度验证框架，Chapelle、Enright 和 Jamieson（2008，2010）的托福效度验证框架，Bachman（2005）、Bachman 和 Palmer（2010）等研究者的评估使用论证框架等。依据不同的研究目的，研究者常侧重基于论证的效度验证框架中的部分环节，考察证据来论证部分推论或主张，如下我们将列举部分典型研究。例如，Doe（2015）运用评估使用论证框架来考察诊断反馈在学术用途英语课堂中的后效（consequence），侧重该框架中的测试解释与后效环节。基于评估使用论证框架中 Toulmin（1958/2003）逻辑论证结构，通过收集支撑性证据以及反驳性证据，形成理据与其他解释，进而论证主张。Doe（2015）针对诊断测试分数解释和后效的环节，提出了如下两大主张，收集相关理据，并在收集理据的过程中考察是否存在反驳性证据，是否支撑其他解释来反驳主张，最终论证诊断反馈是否对学习有助益。

（1）有关测试分数解释的主张：诊断测试对学生在听力、阅读与写作方面强项与弱项的解释是有意义的，并且是与学生学习相关的。

　▷　相关理据1（针对测试解释的有意义性）：学生能适当解释诊断反馈。

　▷　相关理据2（针对测试解释的相关性）：诊断反馈与学生的学术用途英语课程及大学学习目标相匹配。

（2）有关测试后效的主张：学术用途英语课堂中使用诊断测试对学生有裨益性。

　▷　相关理据1（针对测试组织与施考）：学生对参加诊断考试没有负面体验与经历。

　▷　相关理据2（针对学习的裨益性）：学生使用诊断反馈来调整学术英语的学习。

Isbell（2021）综合运用 Kane（2013a，2013b）的基于论证的效度验证框架与 Chapelle、Enright 和 Jamieson（2008，2010）的托福考试解释论证模型来考察二语语音诊断测试的使用（utilization）和后果（impact）。每个推论由一个或多个理据来详细解释，相应的理据也需要一个或多个假设来支撑。在该研究中，有关语音诊断测试使用的推论与测试使用者对诊断信息的解读与使用相关，而有关语音诊断测试后果的推论则与诊断反馈用于学习活动的裨益性后果有关，如下是就该两大推论环节中所需的理据和假设的设定。在该效度论证中，还需收集证据来支持或反驳相关假设。通过对假设、理据和推论的评估论证，最终为测试分数的使用提供依据。

（3）有关诊断测试使用的推论

　▷　相关理据：语音分数和诊断标志是可解释的，并且适用于制定语音学习计划。

√ 相关假设 1：诊断信息能提高对语音强项与弱项的认识。

√ 相关假设 2：测试分数能被测试使用者理解与解释。

√ 相关假设 3：测试分数能支撑基于分数所作出的教学决策。

（4）有关诊断测试后果的推论

▷ 相关理据：利益相关方对分数信息的合理使用能提高语音发音的可理解性。

√ 相关假设 1：对分数信息持续且合理的使用有助于提高语音水平。

在构建特定的效度验证框架方面，Chapelle、Cotos 和 Lee（2015）指出诊断测试的效度验证需置于其本身所预期的分数解释、使用与后效之中，但相关研究偏少。换言之，诊断测试的效度验证框架需考虑诊断测试的特殊属性，如侧重能力诊断与促学后效等，在论证证据方面或有细微差异。因此，Chapelle、Cotos 和 Lee（2015）就基于自动评分的两项诊断写作测试开展了特定的效度验证框架研究。在基于论证的效度验证大框架下，研究者尝试构建了特定的诊断写作测试效度验证框架，其一为针对美国教育考试评估机构（Educational Testing Service，ETS）研制的 Criterion 在线写作批改系统，该系统作为某大学学术用途英语课程中诊断测评的一部分；其二为智能学术话语评估系统（intelligent academic discourse evaluator，IADE），该系统用于诊断某校研究生学术用途英语能力。如下是对这两项诊断写作测试的效度验证框架的具体构建。

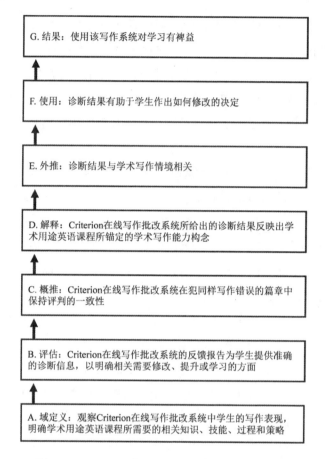

图 2.7　Criterion 在线写作批改系统的论证模型

（摘选自 Chapelle，Cotos & Lee，2015）

　　针对 Criterion 在线写作批改系统，该测试用于提升某大学国际学生的学术英语写作能力。依托写作课程，该测试用于检测和诊断学生的写作能力，促进其课程目标的实现。具体而言，该测试的目标包括：依据批改建议来修改作文稿；培养成为独立性强的写作者，即能够甄别写作能力的弱项，评估所写的作文稿是否有效，并自主修改作文；能校对、编辑作文稿，并纠正写作规范和词汇上的常见错误。在此教学情境下，研究者构建了该写作测试的解释论证框架。图 2.7 列示了该写作诊断测试的效度验证框架涉及域定义、评估、概推、解释、外推、使用和结果这七个推导过程。该框架主要汲取了基于论证的效度验证框架中各项推导过程（Clauser，Kane & Swanson，2002），同时根据诊断测试的教学应用情境，增加了域定义（domain definition）和结果（ramification）这两个推导过程。其中域定义是第一个推导过程，通过观察该写作诊断测试中学生表现，并依据课程目标，定义目标域，明确学术用途英语课程所需的相关知识、技能、过程和策略。第二个推导过程为评估，即依据 Criterion 在线写作批改系统的诊断报告，明确相关需要修改或提升或学习的方面。第三个推导过程为概推，其推导过程依据"观察分是对平行任务、考试、管理与评分条件综合作用下预期分的估算"（Chapelle，Enright & Jamieson，2008）。第四个推导过程为解释，即通过对预期诊断结果的解释得出学术用途英语课程所锚定的学术写作能力构念。第五个推导过程为外推，即通过对学术写作能力构念的外推得出真实学术写作情境中的目标诊断结果。第六个推导过程为使用，将目标诊断结果与诊断测试使用相关联，主要包括学生作出如何修改的决定等。第七个推导过程为结果，确保诊断测试结果的使用对学习有裨益。每个推导过程均需要理据与假设支撑，以 Toulmin（1958/2003）论证模型来评估理据与假设以及能否得出上一级推论。该框架中的每个推导过程与Chapelle、Enright 和 Jamieson（2008）的托福考试解释论证模型相似，但在具体的理据与假设方面则根据该写作诊断测试的预期解释、使用和后果来具体论证。

针对智能学术话语评估系统，该测试用于提升某大学英语为二语研究生的特定学科学术写作能力，侧重研究论文的写作能力。该测试依托写作课程和学术论文语料库，提供学术论文写作的修改反馈。其效度验证框架同样采用解释论证框架。但有别于 Criterion 在线写作批改系统的论证模型，该测试的论证模型根据实际教学情境而增加了真实性（authenticity）、语言学习潜力（language learning potential）和正向后果（positive impact）这三个推导过程。其中真实性为第一个推导过程，是对真实写作情境下写作任务的定义，确保测试的真实性；语言学习潜力是第七个推导过程，是对该写作测试使用裨益性的推论，相关理据包括使用该测试有助于学生关注话语形式，提高研究论文写作的修辞质量，以及提高学习收获；正向后果则是最后一个推导过程，是对该写作测试后果的推论，确保学生具有积极良好的测试使用体验，相关理据包括学生对该测试的认知和使用体验均较为积极。图2.8列示了该写作诊断测试的效度验证框架所涵盖的八种推导过程，包括真实性、评估、概推、解释、外推、使用、语言学习潜力和正向后果，每个推导过程均需经过逻辑论证，收集对推论和理据的支撑性证据，以及相应的反驳性证据，夯实每个推导环节，环环相扣，步步推进。

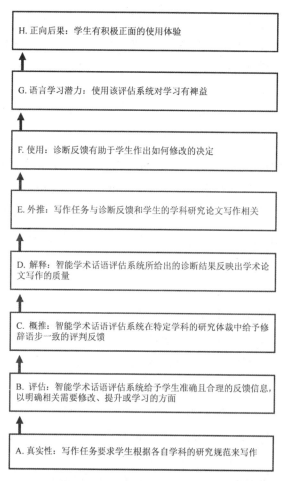

图2.8　智能学术话语评估系统的论证模型

（摘选自 Chapelle, Cotos & Lee, 2015）

上述两项写作诊断测试从不同视角提供了不同的诊断信息与写作课程导向的学习建议，但两者均强调自动写作评分系统是多维而非单维的测试体系。由此构建的效度验证框架主要针对自动评分的写作诊断测试，表明效度论证中所需的各类主张、推论及其理据，以支撑诊断分数、诊断反馈和基于诊断反馈的学习使用；也更强调效度论证的概念与方法如何有助于超越通常语言测评所关注的准确性和效率问题（Chapelle & Douglas，2006）。然而，这两个论证模型仍然具有一定的局限性，即未能涉及反驳证据以及其他解释或反对性解释，而是以收集正向证据来支撑理据与推论为主的论证形式，这在一定程度上限制了其论证的严密性。同时，针对其他诊断测试系统，其使用情境、测试目的都不尽相同，其效度验证框架的构建需考虑具体的测试目的，并评估具体论证框架中的理据以及其他解释，以便动态、全面地构建符合诊断目的与使用的效度验证框架。

四、语言诊断测试的挑战与发展

如上所述，语言诊断测试被定义为诊断学生目标语言能力中的强项与弱项，并为后续学习提供具体的诊断反馈与指导（Jang，2012；Jang & Wager，2014；Lee，2015）。在实现诊断测试的诊断功能与促学效用的过程中，取得了诸多瞩目的成就，解决了如何诊断、如何反馈等重大问题，但仍存在诸多有待解决的问题，如诊断测试的概念性框架是否具体且适宜，诊断测试的后效如何，如何开展后续学习等问题。下文将简要探讨诊断测试面临的挑战与发展。

1. 诊断测试的概念性框架问题

诊断测试通过确定学生当前的知识/技能水平与其目标语言学习目标之间的差距，为学生提供后续学习的反馈信息与指导建议，这是对诊断测试的宏观定义。在微观层面，如何界定诊断测试的概念性框架，包括诊断测试的构念、诊断工具、诊断步骤、适用的教学情境等问题。在解决这些问题时，最为基础且重要的是如何界定具体情境下的知识 / 技能水平，即所测知识 / 技能水平的精细度界定一直是诊断测试设计开发的难题（Davidson & Lynch，2002；Jang & Wagner，2014）。如前所述，相比一个概括性的成绩总分，诊断测试的精细度往往体现在将目标语言能力细分为主要语言技能，如听力、口语、阅读、写作等主要技能。更精细的程度则是将这些主要语言技能再作解构，细分为次生语言技能（如听力技能下的主旨性理解能力、细节性理解能力、推断能力等），且次生语言技能还能细分为更为精细的技能，如听力技能下的推断能力可细分为对生词意义的推断能力、对态度观点的推断能力等。可见诊断测试对所测知识 / 技能的精细度界定具有相对性，但学界对如何界定精细程度仍缺乏明确的标准（Davidson & Lynch，2002；Lee，2015）。过于精细的具体知识 / 技能界定可能会将教学内容限于窄小的部分知识 / 技能（Jang，2005），过多过细的诊断信息也容易使学生有挫败感（Kim，2010）。Mislevy（1995）认为诊断测试的精细度应依据教学需求来界定，即诊断测试所诊断的具体知识 / 技能是否达到诊断目的并帮助实现学习目标。

从诊断参数和能力属性的研究来看，研究者往往通过构建"项目属性矩阵"（item-attribute matrix，也称 Q 矩阵）来分析某项既定测试中测试任务的诊断参数或所测能力属性（Jang，2005；Lee & Sawaki，2009；Sawaki，Kim & Gentile，2009；Kim，2015；Aryadoust，2021；Toprak & Cakir，2021；Min，Cai & He，2022）；针对口语和写作诊断测试则采用分项评分法来分析诊断参数或所测能力属性。考虑到诊断测试本身在开发设计上具有一定难度，在确保数据证据充分的情况下，从已有测试中作诊断翻新或改型来促进诊断参数和能力属性的研究是相对可行且有效的方式（Min，Cai & He，2022）。但诊断参数或评分维度是从已有的非诊断目的测试中去探寻诊断属性，未必能精细地诊断出能力弱项及其潜在原因（Lee，2015）。换言之，已有测试虽然具有或多或少的诊断属性，但对所测知识或技能在精细度上未必一致，也未必能适宜且精细地诊断出能力弱项与强项。

2. 诊断测试的后效问题

一项语言测试对教学的后效分为正面与负面，若产生负面影响，冲击教学，必遭质疑和抨击，这使测试后效在教育测量界备受关注（亓鲁霞，2012）。诊断测试的最佳预期后效是对后续学习起到促进作用（Alderson, Brunfaut & Harding, 2015; Lee, 2015; Isbell, 2021），但诊断测试如何与诊后教学相关联，哪种类型的诊断反馈有促教促学效果，这些问题仍有待学界进一步研究。依据 Hattie 和 Timperley（2007）对教学反馈的研究，反馈是由一个施事者（如教师、同伴、书本、父母、自我、经验等）提供的有关一个人表现或理解的信息，如教师提供的纠错性答案，同伴提供的替代性方法，书本知识所澄清的某个观点，家长在学习生活中所给予的鼓励，以及学习者自行搜寻资料等，来评估其答案或行为的正确性。反馈的目的在于明确指出和处理那些通过学习者的任务表现而揭示出的部分误解和错误理解，而不是学习者完全缺乏理解的情况，这种情况下的反馈则最具效用（Hattie & Timperley, 2007）。换言之，教学反馈的效用体现在是否能有效缩小当前理解与期望理解之间的差距，对后续学习行为产生积极影响。简言之，通过教学反馈，学生能否识别这些理解差距，依据补救建议，自行调整学习行为。相较而言，诊断反馈是诊断测试传达给学生的一种诊断信息，其目的也与教学反馈相似，旨在精细地呈现学生某段时间内语言能力的解剖面，以期提升学习效果。

针对诊断测试的设计与应用，学界一直在努力解决两者的平衡问题，即诊断测试需满足如下两大条件，其一为诊断反馈的分数报道须符合心理测量要求，具有抽象性（abstraction）；其二为尽可能使诊断反馈对后续学习具有意义和效用，具有有效性（usefulness）（Lee, 2015）。分数报道的心理测量条件是指测试中的分数报道需符合心理测量的某些标准，如效度、准确度、概推性等。诊断反馈的分数报道是从一项诊断测试的各项任务中抽象出学生的实际表现，较全面地呈现学生的强项与弱项，这是诊断反馈的抽象性，既源于实际测试表现，又高于实际测试表现。诊断反馈要想产生有效的促学效用，其设计必须与具体的测试任务相关联，或置于具体的学习情境（Cumming，2014，2015）。基于具体学习情境的诊断反馈一般采取的有效形式是，根据学生对测试任务的具体答题情况（尤其是答错的测试任务），告知学生所理解和误解的认识、认知和行为，提出未来改进的方向和策略。如何做好诊断反馈在抽象性和有效性上的平衡？ Lee（2015）提出在诊断测试的开发设计之初，需特别关注诊断反馈系统的设计问题，即针对具体测试任务与不同精细度的诊断能力属性，如何构建有效且有意义的联系机制。从宏观视角来看，需构建诊断测试、诊断反馈、后续学习之间的有机关系链，使诊断反馈不仅准确反映出诊断结果，同时也清晰提示后续学习方向和策略，确保诊断测试的正面后效。从微观视角来看，可构建诊断反馈中不同精细度的诊断信息或诊断属性之间的联系，也可构建诊断反馈中定性和定量信息之间的联系。

3. 后续学习问题

诊断测试的后续学习问题是对诊断测试后效问题的延续，已有不少研究者关注诊断测试如何影响学习者的后续学习（Alderson，Brunfaut & Harding，2015；Alderson，Haapakangas，Huhta，Nieminen & Ullakonoja，2015；Harding，Alderson & Brunfaut，2015；Isbell，2021）。后续学习是由主导或参与学习的施事者来推动的行动，其中测试开发人员、教师、学生在诊断测试及其后续学习中均起着重要作用。从测试开发人员的视角来看，在诊断测试设计开发时，测试开发人员对后续学习活动设计的参与程度应如何？即后续学习环节是否纳入诊断测试体系？亦或后续学习环节由教师和学生自行决定如何实施？这些问题一直有待理论澄清。部分诊断测试开发人员所采取的是"最简方案"（minimalist approach），即诊断测试仅提供学生在某部分目标语言能力中的强项与弱项，而不提供有关后续学习的指导建议，但该方案可能会淡化诊断测试的促学初衷，削弱诊断测试对后续学习的可能积极影响（Lee，2015）。

从教师视角来看，教师在教学中常采用提问、课堂观察、随堂测验等形式来了解学生所理解和未理解的信息和知识（Black & William，1998；Rea-Dickins，2001），但教师如何使用诊断测试及其诊断反馈还一直缺乏深入研究。部分研究表明语言教师通常不会依据诊断测试及其诊断反馈来设计或实施教学活动，他们仅有较少的时间来评估个别学生（Edelenbos & Kubanek-German，2004；Jang，2005；Sawaki & Koizumi，2017）；并且语言教师对诊断测试的理解程度，以及运用诊断测试结果指导课堂教学的素养与能力还有待提高，即语言教师的诊断测评素养不足，会影响到诊断测试的应用效果（Jang，2012）。

从学生视角来看，学生是诊断测试产生效果的必要施动者，研究的聚焦点多在于学生对诊断测试及其诊断反馈的看法，以及他们在作出相应改变中所起的作用。目前已有少数研究者对此展开研究，发现学生对诊断测试及其诊断反馈的反响均较好（Jang，2005；Doe，2015；Sawaki & Koizumi，2017；Isbell，2021），但实际将诊断反馈用于调整学习方向或策略的情况却较少（Jang，2005；Sawaki & Koizumi，2017）。另有研究还探讨了不同特质学生与诊断测试所提供信息之间的交互作用（Jang，Dunlop，Park & van der Boom，2015），将学生的种种反应与诊断信息相关联，有助于加强诊断测试与后续学习之间的关联。但对于诊断测试及其反馈如何影响学生的后续学习行为，这一问题仍有待学界进一步澄清。

因此，诊断测试作为新兴的促学评价形式，通过诊断学生语言知识和技能上的强项与弱项，为教与学提供有益的参考与指导，但在诊断测试的发展进程中，仍存在诸多有待澄清的问题，如诊断测试的概念性框架问题、后效问题、后续学习问题等。实际上，诊断测试的发展仍处于初级阶段（Lee，2015），还需不断汲取心理测量学、统计学、认知科学、人工智能等学科的研究成果，为其发展提供源源不断的动力。

尽管诊断测试的发展面临着些许挑战，但也获得了不少突破性进展，尤其是在自动评分、语音识别、语料库分析、机器学习等技术的推动下，如何发展、评估以及提升诊断测评系统已成为重要的研究主线，以期提升诊断测试效度与教学效用，促进语言学习的研究与实践发展。鉴于此，诊断测试的发展方向变得更加清晰明朗，未来研究将围绕如何诊断、如何反馈，如何结合学生特点来开展诊断与反馈，以及如何完善诊断测试的效度研究框架等议题来开展。

1. 诊断系统的多层级发展

依据上述所探讨的诊断测试的概念性框架问题，诊断测试的发展将走向多层级的诊断体系与多层面的诊断反馈体系（Lee，2015）。多层级诊断体系通过将诊断体系分为宏观诊断与微观诊断，旨在更精准地诊断学习者在具体情境下的知识/技能水平。具体为：先开展较宏观的强项与弱项能力的诊断，再针对其中的弱项开展更微观层面上的诊断，细致评估导致弱项的具体原因，形成一个由宏观至微观的深入诊断体系。多层面反馈体系是依据多层级诊断体系而产出的诊断信息，并且是对诊断信息的详细分析；同时依据教师与学生的不同需求，将诊断信息以不同精细度来呈现。将多层级诊断体系与多层面反馈体系有机融合，需要在诊断系统开发时就设计并收集各层级与各层面的诊断数据与信息，并且做好诊断信息的精细度分层，提供既可宏观又可微观呈现的诊断结果，避免陷入过于粗略或过于详细的诊断反馈而不利于促教促学的怪圈之中。

2. 诊断系统的个性化发展

在语言学习研究中，有多种原因导致学生的语言学习困难。在测试研究中，学生的语言学习困难会体现在其行为、表现，以及对测试任务的应答上。诊断测试研究则需要具体分析这些行为与表现，并通过测试任务来精确分离学生学习行为与表现上的强项与弱项。如果诊断测试仅测量了已知的语言技能和策略，而未能结合多种途径来考量学生是如何完成给定的测试任务，那么诊断结果的用处可能不大（Alderson，2007）。因此诊断测试还需要结合多种途径、多种因素来评估学生的学习困难。以结构式的口语诊断测试任务为例，学生按给定话题来完成口语任务，期间对学生口语能力弱项的评判需要综合考虑多种因素，如学生在口语表达中可能会呈现出想法不完善、连贯性不足、词汇单一、句式单一、用词不当、语音语调不够标准、流畅度不够等问题，而这些问题可能会与学生的理解错误、理解能力不足、词汇知识不足、语法知识不足、语音语调知识不足等较深层次的语言能力问题相关。此外，还需结合不同学生的特点（包括学习行为、性格特点等），探寻其较深层次的语言能力问题。通过引导诊断测试朝个性化的方向发展，有助于提升诊断系统的诊断准确度，增强诊断反馈的促学效用。

3. 诊断测试的效度框架发展

效度研究是任何一项测试的必备环节。"大规模语言测试必须开展效度研究，以实据来证明自己的效度，即测量了所要测量的语言能力，这样才能取信于民"（Alderson，Clapham & Wall，1995：193）。依据以上所探讨的诊断测试的效度研究框架，Chapelle、Cotos 和 Lee（2015）指出诊断测试的效度验证需置于其本身所预期的分数解释、使用与后效之中，但相关研究偏少，因而针对诊断测试的效度框架也较少。受传统效度理论和效度研究框架的影响，诊断测试的效度研究大多仍然以技术指标为主（席小明、张春青，2020）。由于诊断测试涉及能力属性、强项与弱项能力、学习指导等，如何有效地将这些方面关联起来，这是其效度框架需要解决的首要问题。鉴于诊断测试的目的不仅在于能力诊断，还在于提供诊断反馈与指导，其效度框架需要重点考虑诊断测试的特殊属性，如能力诊断、促学后效等，即需要深入分析诊断测试系统的各项特点和学生的能力发展路径之间的联系，明确诊断测试与能力发展之间的可能因果联系，为诊断测试的效度论证提供实据。总而言之，诊断测试的效度框架不仅应囊括诊断分数报告及其使用的论证，还应包括分数报告与其使用之间关联的实据。从已有研究来看，诊断测试效度框架将更侧重能力诊断和信息反馈，在诊断测试的设计开发、使用和反馈等环节不断收集证据，使诊断测试的效度研究逐步得以完善。

综上所述，语言诊断测试的发展较为迅速，已有不少诊断系统投入使用（如基于欧框的欧洲在线语言诊断系统 /DIALANG、奥克兰大学学术英语诊断评估系统 /DELNA、香港英语诊断跟踪系统 /DELTA 等），但其发展仍处于初级阶段（Lee，2015），仍有诸多问题有待澄清，包括诊断测试的概念性框架问题、后效问题、后续学习问题等。在汲取其他学科发展成果（如语音识别、语料库分析、机器学习等技术）的背景下，诊断测试体系正朝向多层级化、个性化发展，并且其效度框架也在逐步完善。虽然受传统效度验证框架的影响，诊断测试框架将依据其诊断与反馈这两大核心要素而在效度框架的侧重方面或有所差异，也将在效度证据方面或有所差异。

第三章　语言诊断测试的实践应用

　　学界对语言诊断测试的实践应用已开展了系列研究与探索，一些诊断测试系统相继问世，其中较知名的有：基于欧框的欧洲在线语言诊断系统、奥克兰大学学术英语诊断评估系统、香港英语诊断跟踪系统、芬兰二语 / 外语阅读与写作诊断系统等。前三个诊断测试系统所取得的进展较为瞩目，后一个则目前尚处于研发阶段，可参考的文献资料较为有限。本章将立足这三个知名诊断测试系统，简述语言诊断测试的实践应用，以期为校本诊断测试研究提供思路与方法。

一、语言诊断测试的实践概述

　　根据目前国内外较知名的诊断测试系统，本节将概述其实践与应用情况，包括所诊断的主要语言技能、所参考的语言能力量表、所产出的诊断反馈、测试形式、测试流程等，以期为校本诊断测试系统的设计与实践提供借鉴与参考。因芬兰二语 / 外语阅读与写作诊断系统目前尚在研发中，相关开发信息与研究发表较为有限，本节将重点简述基于欧框的欧洲在线语言诊断系统、奥克兰大学学术英语诊断评估系统和香港英语诊断跟踪系统。

（一）基于欧框的欧洲在线语言诊断系统

基于欧框的欧洲在线语言诊断系统是一项大型的在线语言诊断测试系统，涉及 14 种欧洲语言（分别为丹麦语、荷兰语、英语、芬兰语、法语、德语、希腊语、冰岛语、爱尔兰语、意大利语、挪威语、葡萄牙语、西班牙语和瑞典语）。该系统分块考查阅读、听力、写作、词汇与语法结构等五大项语言技能，以诊断学习者在这五大项语言技能上的具体强项与弱项，并提供较详细的反馈信息（Alderson，2005；Alderson & Huhta，2005）。所参考的语言能力量表为"欧洲语言共同参考框架"（Common European Framework of Reference，CEFR，简称"欧框"）（Council of Europe，2001），依据其三等六级的语言能力量表（由低到高的能力等级为：初学阶段 A1、A2，独立阶段 B1、B2，精通阶段 C1、C2）来划分各项语言技能的能力等级，并以"能做"语式（can-do statements）来较精确地描述学习者在每项能力等级上的能力或行为。

在测试形式上，基于欧框的欧洲在线语言诊断系统为在线测试，测试题型多为客观测试题（主要包括选择题、填空题）以及部分简答题，且试题数量较为固定（各项语言技能测试的试题数量均为 30 题）。该诊断系统并未限制测试时间，学习者可自行安排时间依次完成试题。在完成诊断测试后，系统将提供即时诊断反馈，包括测试结果和未来建议。其中测试结果包括学习者的能力等级、试题作答情况、分级测试结果、自我评估反馈；未来建议则详细描述学习者的能力等级，侧重基于欧洲语言共同参考框架下学习者所属能力等级的高一级和低一级的对比，便于学习者根据对比找出差距。另外，自我评估反馈还会结合实际测试结果，分析两者可能的差距原因，并给出相应建议。

在测试流程上，学习者需登录其官方网站，其操作流程包括如下五大步骤：①选择测试语言和待测的语言技能。待测的语言技能包括阅读、听力、写作、词汇与语法结构等五项技能，学习者应选择一项测试，测试语言和待测语言技能可自由组合。②分级测试。其实质为词汇量分级测试

（vocabulary size placement test，VSPT），粗略判定学习者的词汇水平，以便该系统实施符合学习者语言水平的诊断测试（即按难度易、难度中、难度难对测试实施进行分级）。在该分级测试中，需要学习者在列有75个单词的列表中作出真词和假词的判断（实际为50个真词和25个假词混序排列）。但该步骤并非必须，学习者可选择进行或跳过，如果跳过则系统将提醒学习者，即后续试题难度的适宜性将无法保证，或过难或过易。分级测试结束后，该系统提供即时反馈报告，描述学习者的词汇能力等级（涉及从初级到精通的六个阶段）。③自我评估。其实质为学习者对待测的目标语言技能的自我能力评估，参照欧洲语言共同参考框架来设定，以"能做"语式呈现，需要学习者就自己待测语言能力作出判断。其中阅读、写作和听力技能的自我评估均为18道试题，而词汇和语法结构部分，因欧洲语言共同参考框架未对相应的自我评估作描述，因而该系统也未纳入考量（Huhta et al.，2002）。该测试结果将在待测语言技能的测试结束后一并报告，以便对比自我评估与实际测试结果。需指出的是，该步骤也并非必须，学习者可自行选择进入或跳过，如果跳过则系统将提醒学习者，即后续试题难度的适宜性将无法保证。④语言技能测试。具体为待测的某项或某几项语言技能测试，包括词汇、阅读、听力、写作、语法结构等。在该步骤，学习者将完成先前所选定的语言技能测试。因试题数量较固定（为30题），测试界面有相应进度条提醒；每道试题均无做题时间限制，仅需学习者按次序完成。在该测试结束后，该系统将统计测试结果，并进入下一反馈步骤。⑤测试反馈。基于如前的测试结果，该系统提供相应的测试反馈和建议，主要包括四项测试结果和两项未来建议。测试结果包括学习者的能力等级（即参照欧洲语言共同参考框架的三等六级来判定）、作答情况（即试题按所测语言技能的子技能来分类，学习者可了解试题所测的子技能，并回顾试题的作答情况并查看正确答案）、分级测试结果（即参照1～1000的词汇量量表来描述学习者的词汇能力水平）、自我评估反馈（即基于欧洲语言共同参考框架对比学习者的自我评估结果和实际测试结果，提示学习者低估或高估自身的语言水平，并分析两者可能的差距原因，给出相应建议）。未来建议依据欧洲语言共同参考框架提出详细的改善建议，涉及学习者能做什么和相应的条件与限制。通过将学习者所属能力等级置于高一级和低一级的对比图中，便于学习者了解其能力水平，也便于其找出差距，明确如何继续提升语言技能。

总之，基于欧框的欧洲在线语言诊断系统是最早研制的覆盖多语种的在线语言诊断测试，从理论和应用上都开创了语言诊断测试研究的先河。通过系统运用欧洲语言共同参考框架，该系统能够较精确地描述各个语言能力的等级标准、学习者具备的语言能力，以及应用语言时的条件和限制，有助于指导学习者了解自身水平，并向更高水平迈进。但学界也提出了些许质疑，例如该分级测试中试题项目的设置是否合理，能否做到真正的能力分级，否则将影响后续测试项目的效度；并且其反馈报告在诊断信息呈现上略显单薄，对后续教与学的效用或不足（Chapelle，2006）。

（二）奥克兰大学学术英语诊断评估系统

奥克兰大学学术英语诊断评估系统是一个基于奥克兰大学本校教育教学需求而研制的在线英语诊断系统，涉及完成大学课程学习所需的阅读、听力和写作等学术英语技能。其研制初衷是大学招生与录取学生趋于多语言化，为提高学生群体的学术语言能力，确保教育教学质量，研制了具有诊断属性的学术英语诊断评估系统（Read & von Randow，2013；Read，2015）。作为一种大学入学后的语言测评形式（post-entry language assessment，PELA），用于检测入学新生（包括大学本科新生至博士研究生新生）的学术语言水平，并提供详细的学术语言能力的强项和弱项以及相应的学习支持。所参考的语言能力量表为依据本校学生完成课程所需的学术英语能力水平而设定的能力量表（由低到高的能力等级为：初学阶段 Band 4、Band 5，独立阶段 Band 6、Band 7，精通阶段 Band 8、Band 9），并以"能做"语式来精确地描述学生在每项能力等级上的能力或行为（Elder & von Randow，2003）。

在测试形式上，奥克兰大学学术英语诊断评估系统为在线测试，测试题型包括客观测试题（如选择题）和主观测试题（如写作题）。该诊断系统分块开展测试，且限定了测试时间，学生需在规定时间内完成测试（如词汇诊断测试共计 7 分钟，听力诊断测试共计 30 分钟等）。在完成诊断测试后，该系统将提供诊断反馈（部分为即时，部分为非即时），涉及测试结果和学习建议。测试结果包括学生的能力等级、学术英语的强项与弱项；而学习建议则基于诊断结果给予学生相应的学习建议，如修习母语为非英语学生（ESOL）的英语课程，使用教师开发的针对性语言教材，或前往学生学习中心寻求辅导与帮助等。此外，教职人员也将收到诊断反馈，以调整其教学方法，提升学生的学术语言能力。因该诊断系统具有校本诊断测试的特点，便于其收集学生的意见与建议，进行持续的效度研究，以及测试的改进与完善（Read & von Randow，2013）。

在测试流程上，该系统分成两个阶段的诊断测试：筛选阶段（screening）和诊断阶段（diagnosis）。具体测试流程为：①筛选阶段。这一阶段的测试以在线形式实施，涉及限时学术词汇测试（试题量固定，为 27 题，限时 7 分钟）和限时阅读测试（试题量固定，为 73 题，限时 10 分钟），其诊断反馈则是较为即时地反馈给学生（一般是在 24 小时内邮件发送给学生）。学术词汇测试的词汇出自"大学词汇表"（Xue & Nation，1984），旨在对学生按识字水平进行高低水平的分级（Elder & von Randow，2008）。限时阅读测试也称快速阅读的完形删词测试，以速读和略读形式来考查学生识别每行中所掺杂的多余词的能力，来预测其学术阅读能力（Alderson，2000）。在该筛选阶段，如果学生在这两项测试上得分达到某一阈值，即被视为具备大学课程学习所需的学术语言能力；如果学生在这两项测试上未得分达到某一阈值，即被视为尚未具备完成大学课程学习所需的学术语言能力。其诊断反馈将以学生在这两项测试上的得分作为分级（不显示原始得分）：优秀 A、满意 B、需要诊断 C 和 D。处于需要诊断的学生，该测试系统将建议学生进入下一阶段的诊断测试。②诊断阶段。这一阶段的测试以纸质形式实施，涉及学术听力测试（形式为听讲座，限时 30 分钟）、学术阅读测试（形式为学术篇章阅读，限时 50 分钟）、学术写作测试（形式 1 为图表作文，限时 30 分钟；形式 2 为议论文写作，限时 40 分钟）。其中学术听力测试的试题形式主要为选择题、信息转换题和简答题，而学术阅读测试则包括完形填空题、概要题、信息转换题、配对题、判断题、选择题、简答题等，学术写作测试为图表作文和议论文形式，并且这三项测试均为人工批阅。学术写作测试的评分标准涉及流利度、内容、语法和词汇，以分项评分来评判学生的强项与弱项。在该诊断阶段，学生在这三项测试上的得分将以语言能力量表的形式来呈现，即以初学阶段 Band 4 和 Band 5、独立阶段 Band 6 和 Band 7、精通阶段 Band 8 和 Band 9 这六个能力等级来体现。如果学生处于精通阶段，那么可自行自主学习；如果学生处于独立阶段，可自主学习，也可寻求指导来提高；如果学生处于初学阶段，将建议学生加强学习，并且授课教师和项目组的语言专家将联系学生进行当面沟通交流，给予相应的学习方法和策略的指导，以提高学生的学术语言能力（Davies & Elder，2005）。

总之，奥克兰大学学术英语诊断评估系统是基于校本教育教学需求而研制的学术英语能力测试，不仅是一项分级测试，更是一项诊断测试，旨在为学生提供语言学习支持，提高学生学术英语水平。但学界也有不少质疑的声音，如第一阶段的筛选性测试仅从词汇和阅读来评估学生的学术语言能力，存在构念代表性不足的问题（Doe，2014）；第二阶段的诊断性测试为纸笔测试，反馈的时效性不足；并且该诊断系统并没有将英语口语能力纳入测评等。

（三）香港英语诊断跟踪系统

香港英语诊断跟踪系统是一个基于香港教育情境的英语语言水平在线诊断系统，由香港理工大学、香港岭南大学和香港城市大学联合研制，旨在为学生在大学学习过程中提供英语语言水平的跟踪诊断与学习提升支持。该系统主要涉及英语语言能力中的听力、词汇、阅读和语法等四大项语言技能，其中听力、阅读和语法技能的测试是基于文本的测试，用于评估一般英语水平和学术英语水平，而词汇技能的测试则是离散测试，用于评估学生的词汇知识（Urmston，Raquel & Tsang，2013）。学生可在大学学习期不间断进行测试（建议每年参加一次，以便跟踪学习情况），了解自己在英语语言能力上的强项与弱项，并利用该测试"跟踪"其语言学习情况，促进自主参与、自主学习管理，并最终帮助学生提高其英语语言能力（Urmston，Raquel & Tsang，2013）。所参考的语言能力框架为Bachman 和 Palmer（1996）的交际语言能力框架，结合试题难度和学生语言子技能来描述学生在每项语言技能上的强项或弱项。

在测试形式上，香港英语诊断跟踪系统为在线测试，测试题型主要为客观测试题（即选择题）。整体测试时间限定在 70 分钟，且每项语言技能的测试时间较为固定，如听力技能测试包含四部分（每部分 4 至 6 或 4 至 8 题不等），难度等级依次为较容易、容易、难、较难，限时 20 ~ 25 分钟；阅读技能测试包含三部分（每部分 4 至 6 或 6 至 8 题不等），难度等级依次为较容易、容易、难、较难；语法技能测试包含两部分（每部分 10 至 15 题不等），难度从较容易至较难均覆盖；词汇技能测试则包含 20 至 25 题不等，难度从较容易至较难均覆盖。阅读、语法和词汇这三部分技能测试限时为 45 ~ 50 分钟。在完成诊断测试后，该系统将提供即时的诊断反馈，涉及诊断轨迹（用于跟踪对比学生在多次诊断测试中的表现）、分项语言技能表现情况（将四项语言技能置于多层面 Rasch 模型所校准的同一量表上，用于对比呈现各项语言技能的掌握程度）、分项语言技能诊断报告（依据三个难度等级，即低、中、高，来分析语言技能中的各项子技能的掌握情况）、总体表现（基于四项语言技能，概括性地呈现学生的总体语言能力，并提出相应建议）。

在测试流程上，学生需登录其官方网站，其操作流程包括如下五大步骤：①测试简介。该诊断测试的目标人群为香港大学生，旨在诊断跟踪其英语语言能力发展，因而测试形式较为固定，待测内容分别为听力、阅读、词汇和语法等四大项技能。②听力技能测试。听力技能测试旨在测试学生听懂高等教育情境下的英语口语的能力。其听力子技能，包括理解细节信息、推断词义或短语义、理解主要与次要信息、理解并作推断、推断说话人的论证、推断说话人态度或意图等六项子技能。受测试时间限制，学生需在 25～30 分钟内完成。③阅读技能测试。阅读技能测试旨在测试学生读懂高等教育情境下的英语书面语的能力。其阅读子技能包括辨别细节信息的能力、解释词义或短语义的能力、理解主要与支撑性观点的能力、理解并作推断的能力、推断作者逻辑论证的能力、推断作者态度或意图的能力、理解字词间语法关系的能力、辨别文本类型的能力等八项子技能。④词汇技能测试。词汇技能测试不同于词汇量分级测试，需要学生从四个选项中选出最符合语境的词汇或词组，旨在测试学生理解高等教育情境下的英语单词和词组的能力，其所测词汇来源于学术词汇表（academic word list，Coxhead，2000），其中学术英语词共分为 10 个等级，等级 1 为高频基础词，为难度级别为低；等级 10 为低频词，难度级别高。⑤语法技能测试。语法技能测试通过篇章改错的形式，旨在测试学生理解并纠正香港学生较易犯的语法错误，所测内容涵盖词性、词形、语态、句法、语构等语法理解与使用知识。因该测试系统采用在线测试和机器评分，诊断反馈时效性高。在完成上述五大步骤后，该测试系统将提供即时反馈报告，便于学生了解其学术英语的掌握程度、语言技能上的强项和弱项，便于学生做好语言学习规划；同时校方也提供师资支持，可向教职人员寻求帮助，以指导学生提高和发展其学术英语能力。

总之，香港英语诊断跟踪系统是基于香港教育教学需求而研制的学术英语能力测试，不仅侧重对学生某段时间的能力诊断，还侧重在整个大学学习期间的能力诊断与跟踪，旨在为学生提供准确的英语能力发展建议。然而，该诊断系统也存在一些不足，如该诊断系统未对学生作分级，难度从一而终是否适应所有学生是个值得探究的问题；并且诊断反馈侧重对各项语言子技能强项与弱项在掌握程度上的呈现，但却忽略了相应的学习指导与建议；以及所给出的总体能力描述与建议较为笼统，缺乏针对性的提升建议等。

二、语言诊断测试的设计概述

语言诊断测试目前越来越受到教育学界重视。如果语言测试可以提供诊断信息，既有利于学生了解自身水平、制定自主学习计划，也有利于教师调整教学方法、探索因材施教的可能。但实践中要真正做好语言诊断测试的开发设计工作却不是一件易事，从上述三项知名的诊断测试系统的概述可见一斑。在语言诊断测试的开发设计时，需要考虑多方面的环节，如诊断目的、诊断内容、诊断形式、诊断试题、诊断参数、诊断报告、效度验证等基础环节。其中任何一个环节出现问题，将直接影响到诊断测试的效度与效果。因此，本节将简要梳理诊断测试设计的理论与方法以及其中需要注意问题，以期为语言诊断测试的开发设计人员提供借鉴和参考。

（一）语言诊断测试的特征

语言诊断测试和传统测试（如常规的课堂测验或水平考试）既有共同点，又有差异。两者的共同点在于为某种特定目的对学习者的语言能力进行测评；但两者之间更多的是不同点。语言诊断测试强调以诊促学，即通过诊断学习者语言能力上的强项和弱项，对学习者对当前能力状况进行反馈并为后续学习提供具体的建议与指导，从而促进学习者语言能力的提升与发展。相比之下，传统测试强调对学习者的整体评价，较少关注对学习者语言水平、知识结构、认知策略的诊断和有针对性的补救措施。例如，课堂测验侧重考查学习者对特定教学内容的掌握情况，水平考试则是侧重参照特定的语言水平标准来评价学习者的语言水平。相比传统测试，诊断测试具有如下四个方面的区别性特征。

1.分离式

分离式测试的概念源于早期心理测量 – 结构主义语言测试，认为语言是由语音、词汇、语法构成的一个系统，并且这一系统是可分解的。早期语言测试学家 Lado（1961）也把语言能力分为语音、句法、词汇和文化，并可通过听、说、读、写这四种分离的方式来测试。由于语言的可分解性，语言测试在设计时可使用离散的试题来逐项检测学生对各分项语言能力的掌握情况。诊断测试不同于综合能力测试，认为语言能力不是整体能力，而是可分离的（Alderson & Huhta，2011），通常把语言能力分成若干主要技能（如听力、阅读、写作、口语等）以及各主要技能下的子技能（如听力技能可分为理解细节信息、推断词义或短语义等子技能）。语言能力的测试具有分离式的层次之分，按不同精细度有不同方面的层次差异。诊断测试设计者可以根据具体测试情境和教育教学需要来确定所分离的语言技能的精细度，即确定怎么分、怎么测。

2. 诊断性

诊断测试是通过测试学习者具体的语言能力分布状况，分析其语言知识与使用中的强项和弱项，定位学习者语言能力级别；并且对弱项的测定最终须导向补救措施或后续教学（Alderson，2005）。可见诊断性是诊断测试最主要的区别性特征，需要开发与使用多种诊断手段（如测试、问卷等），来测定学习者在目标语知识和技能中的强项与弱项，而且更需要加强对学习者弱项的测定（Alderson & Huhta，2011）。需要指出的是，学习者目标语知识和技能中的强项和弱项并不仅仅限定于部分语言类技能，还可以是学习者在测试过程中所反映出的学习动机、学习心理、认知策略等。诊断测试可通过分析学习者的测试过程（如反应时间、对不同类型或不同复杂度的测试任务的完成情况等），对其语言学习的心理特征和认知策略应用作出评估（曾用强，2004）。

3. 反馈式

诊断测试结束后，需要提供即时或尽快提供反馈结果（Alderson & Huhta，2011）。诊断反馈是介于诊断测试与后续教学行为的桥接环节，通过将诊断结果加以总结、概述并以不同形式展现给教师、学生、教学管理人员等涉考者。因此，诊断反馈是对所诊断语言能力的微观且精细的呈现，目的是为语言学习者和教学相关人员提供相应的指导与参考。诊断反馈日益走向精细化，但学界对精细度的设定却未有明确标准（Davidson &

Lynch，2002；Lee，2015）。诊断反馈需要达到怎样的精细度才最有效？过于精细的具体知识或技能界定可能会将教学内容限于窄小的部分知识或技能（Jang，2005），而过多过细的反馈信息也容易使学生有挫败感（Kim，2010）。Mislevy（1995）认为诊断反馈的精细度应依据教学需求来界定，即诊断测试所诊断的具体知识或技能是否达到诊断目的，并帮助学习者实现学习目标，以此来灵活定义诊断反馈的精细度。

4. 个性化

诊断测试是对学习者某段时间的部分目标语言能力的评估，而非囊括所有目标语言能力（Alderson，2005），强调在测试内容和测试方法等方面都最大程度地适应学习者的能力水平。例如，在诊断测试实施时，分级测试用以大致判定学习者的语言水平，从而确保后续试题难度的适宜性，以便能对学习者的语言水平开展针对性的测定，以此产出基于学习者个人的诊断反馈和相应指导。在此过程中，诊断测试注重以学习者为中心，侧重对比分析学习者个人能力水平，而不是与其他学习者进行比对。这有利于学习者了解自己的学习情况，制定适合自己的学习计划，提高学习效率；同时也有利于教学相关人员基于学习者不同的能力水平调整教学方法，制定因材施教的教学计划，有效提升学习者的语言能力。

以上为语言诊断测试有别于传统测试的重要特征，即诊断测试的语言能力是分离式的，并强调诊断和相应反馈，以及注重个性化测试和个性化反馈。在实际应用中，诊断测试设计会更复杂，需要考虑更多的问题，因此下一节将重点讨论诊断测试设计的方法与步骤。

（二）语言诊断测试设计的方法

语言诊断测试系统的设计须体现分离式、诊断性、反馈式和个性化等重要特征。在诊断测试的设计研究中，学界呈现了两种不同范式的应用研究，其一是采用"翻新方法"（retrofitted approach）从已有大规模考试中提取诊断信息；其二是采用"归纳方法"（inductive approach）来设计全新的诊断测试，如从诊断目的、诊断内容、诊断形式、诊断试题、诊断参数、诊断报告、效度验证等基础环节出发，形成完整的诊断测试体系。

从认知测试系统设计理论来看，Embretson（1998）从心理测量学的角度探讨了认知诊断测试系统的设计理念，强调用分离的结构效度（结构表征和规则广度）来指导诊断测试项目的编制，即可以设计测验项目来反映特定的认知结构，并提出了认知诊断测试项目编制的基本过程（详见图3.1）。

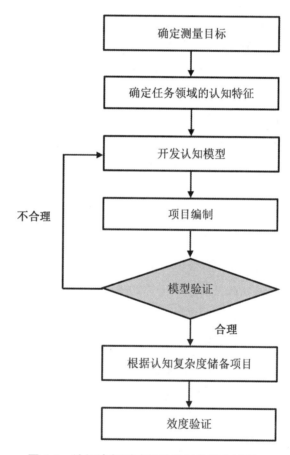

图 3.1　认知诊断测试项目编制的基本过程

（摘选自 Embretson，1998）

这一过程涉及确定测量目标、确定任务领域的认知特征、开发认知模型、项目编制、模型验证、根据认知复杂度储备项目和效度验证这七个环节，其中模型验证是其中的重中之重，如果所编制的项目经某认知模型验证后为合理则进入下一环节，若不合理则重新再返回至开发认知模型环节。目前这一过程已广泛用于测定已有考试的诊断属性，即为"翻新方法"，旨在从已有考试中提取诊断信息，从诊断视角再次评估学习者语言能力，相关研究有 Jang（2005），Sawaki、Kim 和 Gentile（2009），Kim（2015），杜文博、马晓梅（2018），Aryadoust（2021），Toprak 和 Cakir（2021），Min、Cai 和 He（2022）等。"翻新方法"虽然能提取出已有考试的诊断信息，但诊断功能较为薄弱，诊断结果过于笼统，且未从学生需求出发，忽略了学习者的语言发展（Alderson，Haapakangas，Huhta，Nieminen & Ullakonoja，2015）。相比之下，"归纳方法"往往基于教育教学需求，有针对性地设计诊断测试系统，并提供全面且详细的诊断报告，以期为教育教学提供指导与参考。目前有极少数科研团队自主设计了诊断测试，如基于欧框的欧洲在线语言诊断系统、奥克兰大学学术英语诊断评估系统、香港英语诊断跟踪系统等。如何设计语言诊断测试，是本节探讨的重点，如下将按诊断测试体系的组成部分（即诊断目的、诊断内容、诊断形式、诊断试题、诊断参数、诊断报告、效度验证等）来分步骤展开探讨。

1. 诊断目的

在设计语言诊断测试时，首先必须确定该诊断测试的目的，即诊断学习者对某方面或某些方面目标语知识或技能的掌握程度。该步骤是后续设计步骤的基础，决定着诊断内容和诊断试题的命制。根据诊断测试的目的，可以将测试分为三大类：诊断型（diagnostic）、形成型（informative）和终结型（summative）（曾用强，2004）。诊断型诊断测试是指在教学开展之初进行的诊断测试，旨在明确学习者的语言知识或技能水平中的强项与弱项等，以便学生和教师制订学与教计划；形成型诊断测试是指在学习过程中进行的诊断测试，侧重对学习过程中的掌握情况进行诊断，为教与学提供反馈与指导；终结型诊断测试则是指在教学结束之时进行的诊断测试，通常以课程目标或其他学习目标为参照，强调评估学习者经过一段时间的学习后对目标语知识或技能的掌握情况。这三类诊断测试适用于不同的语言教学情境，具有不同的诊断目的，在测试设计之初，应确定其诊断目的，选择相应类型的诊断测试。

2. 诊断内容

依据诊断目的，确定诊断内容，即诊断测试所测的具体内容。确定诊断内容，可以从两个方面入手，其一是基于教学中已经或将要涵盖的内容，其二是基于特定的语言发展理论或语言能力量表（Alderson & Huhta，2011）。从分离式诊断测试的角度来看，需确定所诊断的语言知识或技能，如听力、阅读、写作和口语技能等，并继而确定每项技能下的子技能或更微观的技能。以如上所述的香港英语诊断跟踪系统为例，该诊断系统所测的听力子技能包括理解细节信息、推断词义或短语义、理解主要与次要信息、理解并作推断、推断说话人的论证、推断说话人态度或意图等六项子技能，所测的阅读子技能包括理解细节信息、推断词义或短语义、理解主要与次要信息、理解并作推断、理解作者的论证、推断作者的态度或意图、理解字词间的语法关系、理解文本类型等八项子技能。

3. 诊断形式

诊断测试具有多种形式，可以是问卷调查、个人访谈、自我评估、纸笔考试、计算机辅助形式、计算机自适应形式等。其中问卷调查、个人访谈和自我评估通过脱离考试影响，鼓励学生参与到测评中，从学习者自我认知的视角来评估其语言能力水平，例如基于欧框的欧洲在线语言诊断系统即设有自我评估。纸笔考试是基本的测评形式，具有诸多优点，如便于大规模施测、施测成本低、不受硬件条件限制等，例如奥克兰大学学术英语诊断评估系统采用纸笔考试作为第二阶段的诊断测试形式。计算机辅助形式则是利用计算机协助进行测试，测试的内容构成与纸笔考试一致，但整个测试过程中计算机辅助形式能发挥更多的作用，如计算机能按要求随机组构试题，客观题评定效率高，分数统计更快捷等。诊断结果反馈的最佳时效是诊断测试结束后就立刻提供相关报告。因此相比纸笔考试形式，计算机辅助形式能使大大提高整个测试和反馈过程效率。而计算机自适应形式是基于项目反应理论来构建题库，并由计算机根据学习者能力水平来推送试题，较精确地评定学习者的能力水平；它的优势在于：测试信度与测试效率高、即时反馈效果良好、施测安全性好、测试个性化程度高等（何莲珍、闵尚超，2016）。

4. 诊断试题

在确定了诊断内容和诊断形式后，即开始设计和命制相应的诊断试题。试题形式一般包括客观题与主观题，客观题的特点是信度高但效度未必高，而主观题的特点则是效度可能高但信度未必高，易受评分等因素影响。试题命制的基本原则是保证所测试题的信度与效度，使试题能客观真实地测量出所定义的诊断内容。在诊断试题的设计和命制中，一般有如下三种方法：分解法、合成法和分支法。

第一种分解法。分解法是依据诊断内容所定义的某项技能的子技能，逐项开展试题命制。例如将听力能力分解成六项子技能（包括理解细节信息、推断词义或短语义、理解主要与次要信息、理解并作推断、推断说话人的论证、推断说话人态度或意图等子技能），依据这六项子技能，设计相应的六道测试试题，用以分别评估学习者的六项听力子技能。这种命题方法的优势是试题与子技能一一对应，具有较强的可操作性；但也有不足，即命题投入大，较耗费时间精力来命制，并且评估误差较大（曾用强，2004）。

第二种合成法。合成法是把诊断内容所定义的某项技能的各子技能合成在一套试题内，以综合评估学习者在该项技能上的表现。例如上述的听力理解能力分解成了六项子技能，可以设计成一篇或多篇听力篇章之后回答相应的问题，而这些问题能反映出这六项子技能，试题与子技能的关系不一定是一一对应，也可能是一对多的关系。这种命题方法的优势是：测试信度和效度较高；但不足是试题设计时需考虑试题是否足够覆盖诊断内容（曾用强，2004）。

第三种分支法。分支法是命题设计按照从易到适合再到难的规则，把诊断内容所定义的某项技能的各子技能从易到难分列开来。这一方法源自计算机自适应语言测试，即基于项目反应理论，下一施测的项目取决于学习者在上一项目中的反应情况。通过统计模型，构建学习者答题行为与潜在能力之间关系，以精确估算学习者的语言能力。例如，如果学习者在猜测 / 推断词义的听力子技能上的答对率低于预定义水平，那么分支法就会假设该学习者的听力技能只停留在猜测 / 推断词义的水平上，而不再评估其他项目。这种命题方法的优势是：能以较少的试题估算学习者的能力水平，测试效率高，但不足是较依赖计算机，且对试题设计的要求较高（何莲珍、闵尚超，2016）。

5. 诊断参数

诊断参数是指用于评估学习者语言能力的参数，以及如何利用诊断参数估算学习者的语言能力（曾用强，2004）。语言测试中最基本的试题参数是学习者的项目反应，即答对或答错的情况，由此测量出试题就学习者能力水平而言的难度参数、区分度参数。为了能更精确地评估学生的语言能力，还可以引入其他参数，如依据测试任务或授课内容中涉及的子技能间的关系来建立知识结构模型；在计算机辅助测试和计算机自适应测试中引入测试参与的过程参数，如答题速度、答题反应时间、猜测度、项目反应的修改次数等。

6. 诊断报告

诊断报告是诊断测试结束后提供的结果反馈。针对学习者对测试题目或任务的作答情况，诊断报告一般会提供详细的反馈信息，分析语言能力中的强项与弱项，并提供学习建议，以便学生、教师等据此采取相应行动。例如：基于欧框的欧洲在线语言诊断系统提供即时诊断报告，涉及测试结果（学习者的能力等级、试题作答情况、分级测试结果、自我评估反馈）和学习建议（对比欧框下学习者所属能力等级的高一级和低一级，指示学习方向）；香港英语诊断跟踪系统也提供即时的诊断报告，涉及诊断轨迹（用于跟踪对比学生在多次诊断测试中的表现）、分项语言技能表现情况（将四项语言技能置于同一量表上，用于对比呈现各项语言技能的掌握程度）、分项语言技能诊断报告（依据三个难度等级，即不难、难、较难，来分析语言技能中的各项子技能的掌握情况）、总体表现（基于四项语言技能，概括性地呈现学生的总体语言能力，并提出相应建议）。

7. 效度验证

效度是语言测试及其他教育测量质量评价的根本要求（Bachman，1990），效度验证是一项伴随测试从设计之初就开始的论证工作，围绕测试设计开发、解释使用而持续不断地进行。在此处效度验证置于诊断测试设计步骤的最后，仅仅是为了方便说明。以 Bachman 和 Palmer（2010）提出的评估使用论证框架为例，在诊断测试设计与开发时，应首先需考虑测试后效，即测试结果的使用对整个社会是否具有裨益性，最后考虑的是测试记录，即对考生测试表现的记录（分数或描述）是否具有一致性。具体如：在诊断测试设计之初应首先考虑诊断测试的价值含义和使用后果；在确定诊断内容、设计试题时应考虑有关学习者语言能力的解释；并且保证施测过程的公平公正，确保测试记录具有一致性等。

三、语言诊断测试的实践举例

根据本章第一节所述，在语言诊断测试实践中，学界已研制了部分诊断测试系统，如基于欧框的欧洲在线语言诊断系统、奥克兰大学学术英语诊断评估系统、香港英语诊断跟踪系统，这些诊断测试通常参照相关语言能力量表或语言能力理论来设定测试构念，并按宏观语言技能来分块设计，如阅读、听力、写作、语法及词汇等语言技能。因此本节将根据目前知名的诊断测试系统所涉及的解构式语言技能，简述语言诊断测试在各项语言技能上的实践情况，探讨和对比不同诊断测试在词汇、语法、阅读、听力、写作等方面的实践应用。因口语诊断测试的研制及研究极少（Liu，2014；Isbell，2021），因此本节将不再简述。

（一）语言诊断测试对词汇的考查

在语言理论研究和语言测试研究中，词汇是语言意义的基本表达单位，词汇知识涵盖众多维度，如涉及词汇使用频率与搭配、语域范围、语义关联等（Richards，1976），以及词汇形式、功能和意义维度（Read，2000）等。但从实际测量的可操作性来看，各个维度的词汇知识却很难设计相应的题型来测定，因此词汇测试往往从词汇宽度和词汇深度层面来设计（Nation，1990；Schmitt，Schmitt & Clapham，2001；Hughes，2003）。在词汇诊断测试中，基于欧框的欧洲在线语言诊断系统、奥克兰大学学术英语诊断评估系统、香港英语诊断跟踪系统都设计了词汇诊断测试，表 3.1 列出了这三大诊断测试对词汇的考查情况。

表 3.1　语言诊断测试对词汇的考查

语言诊断测试系统	词汇测试题型	每套题量	测试时间	作用
基于欧框的欧洲在线语言诊断系统	判断题 （是 / 非判断）	75 题	不限时	分级
基于欧框的欧洲在线语言诊断系统	选择题、填空题 （多项选择、填空）	30 题	不限时	诊断
奥克兰大学学术英语诊断评估系统	选择题 （同义词选择）	27 题	限时	分级
香港英语诊断跟踪系统	选择题 （词义辨析选择）	20 ~ 25 题	限时	诊断

总体而言，在任务设计方面，语言诊断测试倾向于采用客观测试题（选择题和填空题）的形式来考查学习者的词汇能力，提高测试效率。在题量与测试时间方面，词汇诊断测试有不限时也有限时，但完成时间均较可控，不易拖延，基本能在较短时间内完成测试。在作用方面，词汇作为语言学习中的基础单位和语言知识的基础构成要素（Richards，1976；Read，2000；Nation，2001；Schmitt，Schmitt & Clapham，2001），词汇诊断测试的目的多在于能力分级和问题诊断，其中能力分级是为了初步评估学习者的语言水平，便于确定后续诊断测试的难度等级以精准开展诊断工作；而问题诊断则更为详细，检测学习者在不同水平层级上的词汇知识水平，关注深层词汇知识的各个层面，诊断出相应的问题，以便后续改进。

具体而言，语言诊断测试系统在具体设计和实施词汇诊断测试中又有较大差异。如表 3.1 所示，词汇诊断测试在具体题型、试题数量、具体作用上又略有不同。如下将分析各个词汇诊断测试的设计实践，包括如何任务设计、反馈呈现等，并探讨其中的优势与不足，以期为未来测试设计实践提供参考。

在基于欧框的欧洲在线语言诊断系统中，词汇诊断测试分为两个子测试：分级测试和词汇知识诊断测试。其中分级测试的实质为词汇量分级测试（vocabulary size placement test，VSPT），旨在粗略评估学习者的语言能力水平，并根据所判定的能力级别确定下一阶段提供的试题；而词汇知识诊断测试的目的在于问题诊断，从深度词汇知识层面，诊断学习者对词汇知识的掌握程度。登录该诊断系统官网，因该诊断测试系统支持多种欧洲语言，需选择测试语言和待测语言技能，而词汇分级测试是首先会进入的第一阶段的分级测试。进入该测试后，系统会简介该分级测试以及测试任务，具体界面如下：

该测试评估你待测语言的词汇量。系统会根据该测试评估

的级别确定在下一阶段提供给你哪些测试题目。

在测试中，你将看到一些"单词"，有些是真词，有些是假词。

所有的"单词"均为动词，比如："说话""运行""吃"等。

如果你认为某单词为真词，请点击"是"按钮；如果为假词，请点击"否"按钮。

分级测试不是必测部分，你可在中途退出该部分，但是如果你跳过该部分，接下来的测试题目对你来说可能会过难或过易。因此我们强烈建议你完成该部分。

（摘选自 https://dialangweb.lancaster.ac.uk/setals）

随后进入正式的词汇量分级测试，其任务形式为真假词的判断题，即需要学习者在列有 75 个单词的列表中作出真词和假词的判断（实际为 50 个真词和 25 个假词混序排列）。在单词列表中，学习者对每个词的真假进行"是 / 否"的判断，部分试题如下：

to campaign	to decite	to review
to futt	to megalize	to celebrate
to bourble	to markle	to demolish
to fear	to abolish	to administer
to preyout	to root	to erode
to study	to distinguish	to fabulation
to savedown	to outlate	to join
to compile	to sink	to settle

（摘选自 https://dialangweb.lancaster.ac.uk/setals）

由于该测试是先行、非必测部分，学习者可选择进行或跳过，但系统会提醒学习者（即后续试题难度的适宜性将无法保证，或过难或过易）。在分级测试结束后，系统提供即时反馈报告，描述学习者的词汇能力等级，涉及从初级到精通的六个阶段，如表 3.2 所示。

表 3.2　基于欧框的欧洲在线语言诊断系统的词汇能力等级描述

词汇能力等级	能力标准描述
901−1000	该级别表明是母语人士或接近母语人士语言水平的人
601−900	该级别表明你是高水平学习者，拥有丰富的词汇量。该级别学习者通常能够运用语言满足各种需求，阅读几乎没有困难，但听力可能略有欠缺
401−600	该级别表明你对基本词汇有较好的掌握，但在阅读原版材料时可能会有困难
201−400	该级别表明你的词汇量只局限于满足日常生活需求，但可能无法应对专业知识的学习
101−200	该级别表明你对该语言的了解处于基础阶段，虽然能够满足旅游及基本的生活需求，但在很多情境中仍然无法轻松应对
0−100	该级别表明你认识少量词汇，且对该语言的基本词汇缺乏系统性了解

（摘选自 https://dialangweb.lancaster.ac.uk/setals）

根据分级测试结果，进入词汇知识诊断测试。其任务形式为选择题和填空题，旨在从引申意义、语义关联、词汇组合、构词方式这四个维度来考查深度词汇知识。因此，相应的试题则从词义、语义关系、词汇搭配和构词法入手来设计，部分试题如下：

1.What is the best word for the gap in the sentence?

　Write in the box. The word starts with 'm'.

　Shirley and Terry are selling their house. It's been on the ＿＿＿＿ since October.

2.Choose the word which means about the same as the word 'consider'.

　relate　　　　regard　　　　expect　　　　promise

3.What is the word related to the word 'deep' which can be used in the following

　sentence? Write it in the box.

　The lake was no more than three meters in ＿＿＿＿.

4.What is the best word for the gap in the sentence? Write it in the box. The word

　begins with an 's'.

　Angela got the job as she was clearly ＿＿＿＿ to the other candidates.

（摘选自 https://dialangweb.lancaster.ac.uk/setals）

在词汇知识测试结束后，系统提供即时反馈报告，参照欧洲语言共同参考框架中三等六级语言能力量表（即初学阶段 A1、A2，独立阶段 B1、B2，精通阶段 C1、C2）来描述学习者的词汇能力级别；同时提供试题作答详情，学习者可了解其在不同词汇知识维度（即词汇搭配、语义关系、构词法和词义）试题上的作答情况，还可回顾试题查看正确答案。

综上所述，基于欧框的欧洲在线语言诊断系统对词汇诊断测试的设计分别从词汇广度和词汇深度入手，用于能力分级和问题诊断。分级测试的优势在于：评估学习者的语言能力等级，便于根据能力等级确定下一阶段提供哪些试题，提高测试效率；然而，学界对此也提出了质疑，该分级测试中试题项目的设置是否合理，能否做到真正的能力分级，否则将影响后续测试项目的效度（Chapelle，2006）。词汇诊断测试的优势在于：基于分级测试结果开始相应能力的词汇诊断测试，能较准确测定学习者的词汇能力水平，反馈报告提供详细的作答情况，便于学习者了解哪个方面的词汇能力存在不足。但词汇诊断测试也存在不足，反馈报告中对词汇能力级别的描述过于简略，依据欧洲语言共同参考框架中三等六级语言能力量表给出了词汇能力级别，但对于不了解该能力框架的学习者可能并不能清楚相应能力级别所代表的水平情况，较难从学习者视角来解读，对后续教与学的效用也略显不足。

在奥克兰大学学术英语诊断评估系统中，词汇测试是整个诊断系统中的第一阶段，即筛选阶段，该阶段采用在线测试形式。由于该诊断系统是基于奥克兰大学的教育教学需求而开发，针对大学入学后新生的学术语言问题诊断，其设计理念是先筛选出需要继续加强诊断的学生群体，免除学术语言水平达标的学生群体的后续诊断（Read & von Randow，2013；Read，2015）。词汇作为语言学习中的基础单位和语言知识的基础构成要素（Richards，1976；Read，2000；Nation，2001；Schmitt，Schmitt & Clapham，2001），也在该测试系统中起着筛选或分级的作用。具体而言，该词汇测试通过参照"大学词汇表"（Xue & Nation，1984），从词义层面来考查学生的词汇知识，对学生进行高低水平的分级。该系统的操作为：登录该诊断系统官网，进入筛选阶段，词汇测试是第一项筛选阶段的测试。进入该测试后，即简介该测试的任务要求和考前的词汇任务练习，具体界面如下：

实际词汇测试涉及 27 个单词的词义匹配任务。

你必须从下拉菜单中选择与左侧单词匹配的含义。

在测试期间，你可以随时从下拉菜单中选择另一个单词来更改答案。

注意：如果你的鼠标上有一个滚轮，使用时要小心，不要改变答案。

进行筛选测试时，你有 7 分钟的时间完成词汇测试。

完成词汇任务练习后，单击下面的按钮进入定时阅读练习。

（摘选自 https://www.delnatask.com/tasks/practice/vocab.php）

随后进入正式的词汇测试，其任务形式为同义词选择题，共设 27 道词义匹配题，其中每 3 道题为一个单位，同设 6 个选项，从这相同的 6 个选项中选出与 3 道题中词义最匹配的 3 个选项，部分样题如下：

	A	B	C	D	E	F
1.theory	precision	episode	axis	hypothesis	magnitude	region
2.one event in a series	precision	episode	axis	hypothesis	magnitude	region
3.large area	precision	episode	axis	hypothesis	magnitude	region

（摘选自 https://www.delnatask.com/tasks/practice/vocab.php）

在反馈呈现上，由于该测试和限时阅读测试同属筛选阶段测试，学习者需同时完成这两项测试，以达到筛选目的。在完成筛选阶段的两项测试后，反馈报告将以电子邮件形式，在 24 小时内发送给学习者。反馈报告的内容不显示原始得分，以 0 ~ 100 的标准分对学习者分为三个能力等级：优秀（无须帮助）、满意（建议开展自主学习）、需要诊断（建议继续参与测试）。换言之，如果学习者在这两项测试上的得分为"优秀"或"满意"，即被视为具备大学课程学习所需的学术语言能力，无须再参与诊断测试；如果学生在这两项测试上未得分标记为"需要诊断"，即被视为尚未具备完成大学课程学习所需的学术语言能力，建议继续参与后续的诊断测试。

综上所述，奥克兰大学学术英语诊断评估系统的词汇测试侧重从词义层面来评估学习者的词汇能力等级，用于能力分级。其优势在于：通过词汇来评估学习者的语言能力等级，便于筛选出目标群体，提高后续测试效率。但是仅从词义层面来评估学习者的词汇能力水平，有以偏概全之嫌，可能存在构念代表性不足的问题。

在香港英语诊断跟踪系统中，词汇测试的实质是学术词汇知识测试，即测试学习者对高等教育情境下学术英语单词和词组知识的理解水平，诊断其在学术英语词汇中的强项和弱项。该系统所测词汇来源于"学术词汇表"（academic word list，Coxhead，2000），该词汇表来自不同学术主题、不同文本类型的各学术文本，为艺术、商业、法律、科学等学术话题中常见用词。该词汇表涉及 570 个学术英语常用词，并分为 10 个词汇等级子列表（由 1 至 10 难度依次提升），子列表 1 为学术词汇中的高频基础词（60个），其难度级别为低；子列表 10 为学术词汇中的低频词（30 个），难度级别高；其中子列表 1 至 9 均为 60 个词。需要指出的是，该诊断系统还运用了多层面 Rasch 模型分析，将学习者的作答反应与试题难度统一到同一个量尺上，以较精确地呈现学习者在试题上的表现。在任务设计上，该词汇测试侧重从语义理解层面来诊断学习者的词汇英语能力，突出学习者在词汇能力上的强项与弱项。目前该诊断系统已应用于部分港澳地区的大学（如香港理工大学、岭南大学、香港浸会大学、香港社区学院、澳门大学等），由这些大学负责具体实施。在任务形式上，该词汇测试为选择题（题量一般在 20 至 25 题不等），需要学生从四个选项中选出最符合语境的词汇或词组，部分样题如下：

1. A new treatment programme in the New Territories is helping former drug addicts
   to _____ into the local community.
   A. emerge　　B. transfer　　C. proceed　　D. integrate

2. The committee believes that there is an urgent need of a central waste policy to
   give guidance on the safest form of _____.
   A. disposal　　B. exposure　　C. enforcement　　D. documentation

（摘选自 https://delta.elc.polyu.edu.hk/delta_web/students/aboutTests.html）

在学习者作答后，该诊断系统运用多层面 Rasch 模型进行分析，将学习者的词汇能力、试题难度统一到同一个量尺上，推算学习者词汇能力与试题难度的关系。在反馈呈现上，依据"学术词汇表"（Coxhead，2000）来呈现学习者的掌握程度，反映出学习者在学术词汇上的强项与弱项。如图 3.2 所示，左侧为词汇试题的难度量尺，由下至上呈由易至难的等距量尺；右侧为学习者在词汇测试上的作答反应，并标记了学习者在该词汇测试中答对与答错情况，更以颜色标记答错部分，突出学习者需加强的方面。此外，针对学习者所诊断出的词汇能力问题，该反馈还提供相关学习资源，如香港理工大学英语语言中心提供的词汇学习指导（https://elc.polyu.edu.hk/cill/vocabulary/）。

	学术词汇子列表	待改进词汇
难	×AWL Sublist 3	minor
	×AWL Sublist 9	unattainable
	√AWL Sublist 1	
	…	
	×AWL Sublist 6	preceding
中	√AWL Sublist 9	
	×AWL Sublist 9	restraints
	…	
	×AWL Sublist 7	inferred
易	×AWL Sublist 3	technique
	√AWL Sublist 4	

图 3.2　香港英语诊断跟踪系统中词汇测试的反馈报告

（摘选自 https://delta.elc.polyu.edu.hk/delta_web/about/aboutTheSystem.html）

　　综上所述，香港英语诊断跟踪系统的词汇测试侧重从词汇意义层面来评估学习者在词汇能力上的强项与弱项。由于词汇测试可揭示学习者在处理真实阅读材料中遇到的词汇不足情况，也可揭示其用目标语进行其他交流任务时面临的词汇不足情况（Read，2007），可见设计词汇测试用于问题诊断，具有重要意义。但该词汇测试也有不足，因未对学习者作能力分级，词汇试题未按能力分级来适应性地施测，对所有学习者的适宜性有待探讨；并且诊断反馈中虽诊断出了词汇上的问题，但却忽略了未来学习的指导与建议。

（二）语言诊断测试对阅读的考查

在语言理论研究和语言测试研究中，阅读能力往往指学习者阅读和理解书面语言材料的能力，涉及众多不同能力要素，如字面理解、推理理解、批判性理解等能力（Davis，1968），解码能力（即字词识别的能力）和理解能力（即对句子开展句法分析、理解句子在语篇中的意义、构建语篇意义、整合已知知识与文本信息等能力）（Gough，Juel & Griffith，1992），词汇和意义识别技能、整合和评价技能、元认知能力和元语言能力等（Alderson，2000）。从诊断测试的可操作性出发，阅读能力常被解构为分离式阅读能力，包括较基础等级与较高等级阅读能力，且阅读过程需不同的能力同时发挥作用（Alderson，1990a，1990b；Harding，Alderson & Brunfaut，2015）。基于欧框的欧洲在线语言诊断系统、奥克兰大学学术英语诊断评估系统、香港英语诊断跟踪系统都设计了阅读诊断测试，表 3.3 列出了这三大诊断测试系统对阅读的考查情况。

表 3.3 语言诊断测试对阅读的考查

语言诊断测试系统	阅读测试题型	每套题量	测试时间	作用
基于欧框的欧洲在线语言诊断系统	选择题	30 题	不限时	诊断
奥克兰大学学术英语诊断评估系统	完形删词题	73 题	限时	分级
奥克兰大学学术英语诊断评估系统	完形填空题、概要题、信息转换题、配对题、判断题、选择题、简答题	—	限时	诊断
香港英语诊断跟踪系统	选择题	20 ~ 30 题	限时	诊断

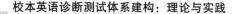

　　总体而言，在任务设计方面，语言诊断测试倾向于采用客观测试题（选择题、完形题等）的形式来考查学习者的阅读能力，提高测试效率。在题量与测试时间方面，阅读诊断测试有不限时也有限时，但完成时间均较可控。在作用方面，阅读诊断测试的目的多在于问题诊断，即诊断学习者阅读与理解书面语材料的能力状况与问题；也有诊断系统将其用于能力分级，通过速读和略读的试题形式来初步评估学习者的语言水平，便于能力分级，提高后续测试的针对性。

　　具体而言，语言诊断测试系统在具体设计和实施阅读诊断测试中又有较大差异。如表3.3所示，阅读诊断测试在具体题型、试题数量、具体作用上也略有不同，并且在任务设计和反馈呈现上也相差甚大。如下将分析各个词汇诊断测试的设计实践，包括如何任务设计、所测题型、反馈呈现等，并探讨其中的优势与不足，以期为未来测试设计实践提供参考。

　　在基于欧框的欧洲在线语言诊断系统中，阅读诊断测试所考查的阅读技能包括三个层面：辨别主旨大意、理解细节信息和作出推断的子技能，以此诊断学习者在这三个层面的阅读能力表现。登录该诊断系统官网，如上一节所述，因该诊断测试系统支持多种欧洲语言，需选择测试语言和待测语言技能，而分级测试是首先建议参与的测试，便于后续测试试题具有适宜性和针对性。因此在进入并完成分级测试后，再进入阅读诊断测试。在进行阅读诊断测试之前，该测试系统将首先建议学习者进行阅读能力的自我评估，按"是/否"判断题的形式作答，如下即是提示自我评估的界面。

自我评估——阅读

在下一页，你将看到一个自评问卷，针对已选定语种

和技能，你需要对自己的水平作出评估。

你会看到一些随机排序的能力陈述，你需判断该陈述与自身情况是

否相符。若符合，请点击"是"；如不符合，请点击"否"。

问卷的结果有两个作用。首先，它会决定测试题目的难度；其次，该结果将与

你的语言测试结果进行对照，检查你对自身语言水平的评估是否符合实际情况。

若你未进行或完成该问卷，系统将无法借助该信息为你选择测试题目。

（摘选自 https://dialangweb.lancaster.ac.uk/setals）

　　阅读能力的自我评估是学习者对待测的阅读技能的自我能力评估，参照欧洲语言共同参考框架来设定，以"能做"语式呈现，需要学习者就自己的阅读能力作出判断。题量为 18 题，其反馈报告将在阅读诊断测试结束后一并报告。需要指出的是，该步骤也并非必须，学习者可自行选择进入或跳过，如果跳过则系统将提醒学习者，即后续试题难度的适宜性将无法保证，并且也无法检查学习者对自身语言水平的评估是否符合实际情况。在完成自我评估后，该诊断系统将提示学习者正式进入阅读诊断测试，所测题型为选择题和填空题，涉及不同文本类型和不同话题领域的内容；任务设计则依据辨别主旨大意、获取具体信息、作出推断等三项阅读子技能来设置考题；相比较长篇章形式的阅读材料，该阅读测试的阅读材料均较简短，每道考题以考查某一项阅读子技能为主，部分试题如下：

1.What is the best word for the gap in the sentence? Write it in the box.

Dear Mr James,

Thank you for your enquiry about the post recently advertised. Please find an application form enclosed. The deadline for these is the end of March. Shortlisted _____ will be informed of interview dates by April 15th.

Yours faithfully,

D. Buller

2.Injuries can have serious repercussions for the victim. About three million people a year suffer personal injuries in an accident yet only a quarter of them ever consider making a claim. The majority of the victims do not realise they have a potential claim, or indeed they think a claim will take time and be costly to settle. Or the victims feel the legal system for compensation is stacked against them by being complicated and burdensome.

What is the main idea of the text?

A.The legal system for compensations is far too difficult to understand.

B.Claims for compensations are very expensive and time consuming.

C.Anybody injured in an accident can suffer personal injuries for a long time.

D.Most people involved in accidents could claim for compensation and possibly win.

3.An E Coli outbreak which struck down nine fans at this year's Glastonbury Festival was due to cattle grazing on the site, an enquiry found. An investigation was launched after revelers fell ill with the stomach bug. Investigators initially feared the outbreak of E Coli 157 was caused by poorly cooked food sold to people at the festival. But the report yesterday by the Communicable Disease Surveillance Centre disclosed that the bacteria had found its way from cattle dung into mud on the site at Pilton, Somerset. All the victims—who included a two-year-old girl—made a complete recovery.

Where did the illness come from?

A.festival revelers

B.poorly cooked food

C.cattle dung

D.a two-year-old girl

（摘选自 https://dialangweb.lancaster.ac.uk/setals）

在阅读诊断测试结束后，系统提供即时反馈报告，包括学习者的能力等级、试题作答情况、分级测试结果、自我评估反馈以及建议。具体而言，学习者的能力等级参照欧洲语言共同参考框架中三等六级语言能力量表来描述学习者的阅读能力级别，详见表 3.4。试题作答情况则方便学习者了解其在辨别主旨大意、获取具体信息、作出推断等三类阅读子技能上的作答情况，还可回顾试题查看正确答案。自我评估反馈则通过对比自我评估的能力等级与实际测试结果，提醒学习者是否需要调整自我认知，以便了解自身水平，制定合理目标。建议部分侧重基于欧洲语言共同参考框架下学习者所属能力等级的高一级和低一级的对比，便于学习者根据对比找出差距。表 3.5 列示了基于欧框的具体阅读能力描述，从文本类型、文本内容、条件和限制来呈现 A1 至 C2 的阅读能力。此外，该系统还提供了较为详细的阅读能力等级提升建议，专门针对 A1 至 A2 级别、A2 至 B1 级别、B1 至 B2 级别、B2 至 C1 级别、C1 至 C2 级别这 5 个能力等级过渡阶段，具体建议如下：

（1）针对 A1 至 A2 级别的提升建议：

➢ 参加英语学习班，学习更多的句法和词汇，注意句子结构以及主从句之间的衔接。

➢ 阅读英语的包装标签、标识和菜单，如果有相应的中文翻译，你可以对照检验自己理解的是否准确。

➢ 借助文本格式、插图、图片、专有名词、简单单词等线索猜测文本含义。

➢ 学习使用双语词典或简单的外语原版词典。如果使用恰当，词典用处很大。

➢ 有条件的话阅读分级读物。分级读物通常经过简化、便于理解。到较好的语言书店或图书馆，特别是在母语为英语的国家里，查找该类读物。

➢ 尽量多阅读、多听或多使用英语；在该阶段，无论是通过阅读、写作、听力还是口语接触英语都会促进阅读能力的提高。

（2）针对 A2 至 B1 级别的提升建议：

➢ 扩大所阅读文本的题材范围和文本类型。阅读英语报纸和杂志，仔细阅读其中一两篇你感兴趣的较难文章，在必要时可使用词典。

➢ 在用英语论述、描述和表达感受、愿望时，注意特定的表述、短语和词汇。

➢ 尽量理解文本的细节信息，而不仅仅满足于理解其主旨大意。将你认为有用的、需要掌握的表述记录下来。

➢ 保证英语阅读量。虽然你已经能读懂很多信息，但还应保证英语阅读量、偶尔精读较难文章，积极提高阅读能力。

（3）针对 B1 至 B2 级别的提升建议：

➢ 积极阅读和理解题材范围更广的文本，如自己领域范围内的较难文章；其他领域的专业文章；表达观点、展开论证的英语新闻报道。

➢ 明确自己的阅读目的（为了消遣、为了获取大意或具体信息、还是为了完成某项任务），并分析应该如何调整自己的阅读方法（迅速浏览文本获取主旨大意；快速查找特定信息；仔细阅读，了解某个过程的细节信息）。

➢ 阅读比较简单的非简写版小说。阅读你喜欢的作者的小说，或者你已阅读过的中文版小说的外文原版。你的老师或母语为该外语的朋友可帮助你选择合适的小说。

➢ 可借助词典进行精读。你已经能阅读这个水平大部分的常规文本，但想将阅读水平提高一个水平还需努力。

（4）针对 B2 至 C1 级别的提升建议：

➢ 留意文本中作者表明立场或发表观点的地方（尽管其观点可能比较隐晦），辨别作者的表现手法。

➢ 定期阅读英语的大众新闻杂志、日报和小说。

➢ 在阅读更加复杂的文本或长文本时，你需要找出自己不理解的部分并标记出来。仔细阅读难点部分及整个文本。可以借助词典、母语人士及其他文本信息的帮助。

➢ 将阅读中遇到的新单词和习语记录下来，尤其是你的专业或常用领域内的单词和习语；定期进行有条理的复习从而保证你熟悉这些新的内容。

（5）针对 C1 至 C2 级别的提升建议：

➤ 可通过一些方式设法扩大你的词汇量，如集中一段时间在词典中查找所有生词、分析单词在语境中的特殊含义、或留心搜集习语的用法和语境。

➤ 学习相近表述在意义上的细微区别（如文体、写作方面的词典和指导手册）。

➤ 留意作者传达信息的方法（公开的或隐晦的）、借助的资源、在叙述中作者的角色定位是旁观者还是参与者、以及作者是否认为自己是目标读者。

➤ 阅读英语版而非中文版的新机器说明书。

➤ 坚持阅读英语通俗小说，将其视为一种休闲活动；在阅读与自己专业领域或兴趣相关的非文学性文本时，应首选英语版而非中文版。

表 3.4 基于欧框的欧洲在线语言诊断系统的阅读能力等级描述

阅读能力等级	能力标准描述
C2	该级别的学习者能轻松地读懂几乎所有类型的文本，包括主题抽象、用语艰涩、语法结构复杂的文章，如手册、专题文章和文学作品
C1	该级别的学习者能读懂篇幅较长的复杂的事实性或文学性文本，并能辨别其中的文体风格差异；能读懂甚至是自己领域以外的文章或技术说明中的专业表述
B2	该级别的学习者能读懂表明作者立场或观点的时事性文章或报道；能读懂大部分的短篇小说和通俗小说
B1	该级别的学习者能够读懂日常的或与工作相关的文本；能够读懂描述事件、表达情感和愿望的私人信件
A2	该级别的学习者能读懂非常简短的文本；能在日常简单文本中查找特定信息，如广告、传单、菜单和时间表；能读懂简短的私人信件
A1	该级别的学习者能读懂非常简单的句子，如通知、海报或目录

（摘选自 https://dialangweb.lancaster.ac.uk/setals#）

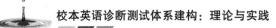

表 3.5　基于欧框的欧洲在线语言诊断系统的阅读能力描述

	A1	A2	B1	B2	C1	C2
我能够读懂什么类型的文本	非常简短的文本，通常为简短的，尤其是带有图片的描述；简短的书面说明，如简短的明信片、简单通知	熟悉的、以具体事物为主题的文本；简短的文本，如常规的私人信件、商业信件和传真，大部分日常标志和通知，黄页和广告	主题与自己兴趣领域相关的简单易懂的事实性文本；日常材料，如信件、手册和简短的官方文件；与熟悉主题相关的或对事件进行描述的简单易懂的报纸文章；脉络清晰的议论文；表达情感和愿望的私人信件；清晰易懂的机器操作说明	与自己兴趣领域相关的信件；较长的文本，包括自己领域外的专业文章和自己领域内的高度专业化的资料；具有独特观点的时事性文章和报道	社会、工作或学术领域中题材广泛、复杂的长文本；非熟悉领域内新设备或新程序的复杂操作说明	题材广泛、复杂的长文本——几乎所有形式的书面语。主题抽象、结构复杂、或非常口语化的文学性和非文学性文本
我能够读懂什么内容	熟悉的名称、单词和基本短语	理解简短文本；查找简单日常材料中的特定信息	理解简单易懂的事实性文本；读懂脉络清晰的议论文（不一定理解全部细节）；理解简单易懂的说明；在日常材料中找到所需的一般性信息；在一个较长或多个不同文本中查找特定信息	凭借丰富的阅读方面的积极词汇理解文本，但对不常见的短语、习语和专业术语等有理解困难。理解自己领域内信件和自己领域外专业文章的基本意思（见"条件和限制"处）；在自己领域内的高度专业化文本中获取信息、想法和观点；在长文本中查找相关细节信息	辨别文中隐含的态度和观点。充分理解复杂文本，包括细节的微妙之处、作者的态度和观点（见"条件和限制"处）	赏析风格之间的细微差异，领会其中直接或隐含含义的微妙之处

续表

	A1	A2	B1	B2	C1	C2
条件和限制	一次只能读一个短语，需重读部分文本	主要局限于与日常生活和工作相关的语言	能够归纳主要结论、理解简单易懂的文本的论证	受题材范围、文本类型的限制较少：根据目的和文本类型的不同，能够用不同的速度和方式阅读文本；在阅读更专业或不熟悉的文本时需使用词典	通常理解复杂文本的细节信息，但有些难点部分需要重读；偶尔使用词典	极少有限制条件：能读懂并口头翻译所有书面语；可能会遇到非常生僻的表述或古语，但极少影响理解

（摘选自 https://dialangweb.lancaster.ac.uk/setals#）

　　综上所述，基于欧框的欧洲在线语言诊断系统从三个阅读子技能层面（即辨别主旨大意、获取具体信息、作出推断）来考查学习者的阅读能力，并诊断其中问题。同时结合阅读能力的自我评估来提示学习者是否需要调整自我认知，制定合理目标。反馈报告的呈现也较为全面，包括能力等级、作答情况、分级测试、自我评估以及建议。通过结合欧框来评估学生能力等级并给予相应建议，较清楚地解释了相应能力级别所代表的"能做"情况，还涉及了不同能力级别过渡阶段的具体学习建议。然而，该测试系统也存在一些不足。例如，由于该诊断系统是无须注册即可使用的在线开放型测试，在参与在线测试时，无法保存用户信息和测试结果，若不能一次完成，还需重新登录，再次——测试；而分级测试是进入该系统的第一项测试，若需多次完成各项测试，那么学习者可能会多次参与分级测试，这将影响测试效度。另外，有关自我评估与该诊断测试结果不一致的情况，Chapelle（2006）也提出了相关质疑，学习者在认真参与自我能力评估与阅读诊断测试后，两者测试结果相差甚大，学习者该相信哪项结果，质疑哪项结果？从学习者视角来看，自我评估与测试结果不一致的情况将影响学习者对该测试的信任度，并继而影响测试的使用。此外，在不同阅读子技能的题项设置上略显不均衡，从诊断反馈的作答情况来看，该测试中有较多题项是考查"辨别主旨大意"和"作出推断"的阅读子技能，而"获取具体信息"的阅读子技能的题项相对较少。在题项所考查的子技能呈不均衡的情况下，所收集的有关学习者部分阅读子技能的证据则不充分，那么如何能概推至目标域中的能力与问题？如何确保该项阅读测试的效度？这些问题还有待未来研究去解决。

在奥克兰大学学术英语诊断评估系统中，阅读测试分为两项，其一是筛选阶段的限时阅读测试，其二是诊断阶段的阅读诊断测试。如前所述，该测试系统通过词汇和限时阅读测试，筛选出需要继续加强诊断的学生群体，免除学术语言水平达标的学生群体的后续诊断（Read & von Randow，2013；Read，2015）。在筛选阶段，限时阅读测试以速读和略读形式来考查学生识别每行中所掺杂的多余词的能力，来预测其学术阅读能力（Alderson，2000），达到能力分级和目标学生群体筛选的目的。在诊断阶段，阅读诊断测试从初级与高级阅读能力层面考查学习者的学术英语阅读能力。该系统的操作为：登录该诊断系统官网，进入筛选阶段，限时阅读测试是第二项筛选阶段的测试。进入该测试后，即简介该测试的任务要求，具体界面如下：

在这项任务中，你尽可能快地阅读 73 行的文本。

在文本的每一行中都有一个没有意义的附加词。当你阅读文本时，你点击每行中的这个单词，它将被突出显示。如果你改变主意，只需点击另一个单词即可替换。

你有 10 分钟的时间阅读 73 行文字。10 分钟过后，你将超时完成任务。

（摘选自 https://cdn.auckland.ac.nz/assets/delna/delna/delna-handbook.pdf）

随后进入限时阅读测试，其任务形式为完形删词题（cloze elide），即将一篇完好的阅读材料经过一系列干扰项的插词处理后形成的一种语言测试题型（吕祥，1993）。在该测试任务中，学习者需要在规定时间内将这些额外插词删除，恢复阅读篇章原貌，部分样题如下：

More than 33 years after the United States landed men on the is moon, Nasa is spending over \$US 15,000 to convince and people that it really happened and that the space agency did not make it all performance up. Stubborn conspiracy theorists claim Nasa's six Apollo-programme moon landings were week faked. After decades of belittling and ignoring them company, Nasa decided to fight back. It hired James Oberg, a former aerospace engineer from Houston more and an award-winning author of 10 books on space, to used confront the sceptics point by point. Many scientists have already done that on the Internet, but some remained of unconvinced. "Ignoring it only fans the flames of people who are a naturally suspicious," Mr Oberg said.

（摘选自 https://www.delnatask.com/tasks/practice/timedreading.php）

在反馈呈现上，由于该测试和之前的词汇测试同属筛选阶段测试，学习者在完成这两项测试后，将在 24 小时内收到邮件形式的反馈报告。如前所述，反馈报告的内容不显示原始得分，而是以 0 ~ 100 的标准分对学习者分为三个能力等级：优秀（无须帮助）、满意（建议开展自主学习）、需要诊断（建议继续参与测试）。如果学习者在这两项测试上的得分为"优秀"或"满意"，即被视为具备大学课程学习所需的学术语言能力，无需再参与诊断测试，可自行自主学习；如果学生在这两项测试上未得分标记为"需要诊断"，即被视为尚未具备完成大学课程学习所需的学术语言能力，建议继续参与后续的诊断测试。

在筛选阶段后，部分仍需诊断的学习者进入诊断阶段的测试，其中一项即是阅读诊断测试，其目的在于诊断学习者高等教育情境下的学术英语能力。阅读诊断测试将所测构念分解为初级和高级层面的阅读子技能，共有九项，分别为：①快速阅读的能力；②获取具体信息的能力；③把握因果关系、顺序与对比的能力；④区分要点和证据或支撑性观点的能力，

⑤选取符合文本含义和语法结构的词汇的能力；⑥概括主要话题的能力；⑦依据文章中信息得出结论的能力；⑧区分事实与观点的能力；⑨换方式（如插入图表、地图等）组织文章中信息的能力。测试任务依据上述阅读子技能来设计，题型较为丰富，包括完形填空题、概要题、信息转换题、配对题、判断题、选择题、简答题等。相比较长篇章形式的阅读材料，该阅读测试的阅读材料也相对简短（共有两个阅读篇章，长度约为1200字），限时45分钟完成。部分样题如下：

---

1. Until the early 1970s, no one cared about energy conservation. Very few knew what it meant. This apathy was caused by apparently ever-increasing quantities of fuel available at decreasing prices. However, the western world was suddenly jolted into reality by the "OPEC oil crisis" , which clarified many of the reasons for bothering with energy conservation.

Question: The "OPEC oil crisis" _____.

A. made westerners aware of the need for energy conservation

B. increased westerners' apathy about energy conservation

C. made more fuel available at lower prices

D. caused the western world to reject high fuel prices

2. We should also try to reduce our dependence on local energy sources such as gas and electricity. For example, a person who lives in a well-insulated house with solar water heating will be less inconvenienced by power restriction than other people while someone who lives close to work, shops and other facilities will never be affected by disruptions to transport services. Someone who walks or rides a bicycle never needs to worry about petrol supplies.

Question: Below is a summary of the passage. Select appropriate words from the box to complete the summary and write the corresponding letter in the numbered space to the right. Note that there are more words given than you will need. Each word may be used once only.

If you __(1)__ your house and __(2)__ solar water heating, problems with the power supply will __(3)__ you less than others. __(4)__ non-motorised forms of transport also avoids problems __(5)__ with transport and fuel disruptions.

A. depend	E. using	I. sell	M. together
B. associated	F. inconvenience	J. caused	N. driving
C. avoid	G. install	K. insulate	
D. convenience	H. protect	L. affected	

（摘选自 https://cdn.auckland.ac.nz/assets/delna/delna/delna-handbook.pdf）

在阅读诊断测试结束后，学习者还需参加听力和写作诊断测试；待完成整个诊断阶段的测试后，方能提供相应的诊断报告。需要指出的是，诊断阶段的测试为纸笔测试，需人工批阅，诊断反馈约在诊断阶段测试结束后 10 天内以邮件形式发送给学习者。诊断反馈将以三阶六级的语言能力量表的形式来描述学习者的能力水平，即以初学阶段 Band 4 和 Band 5、独立阶段 Band 6 和 Band 7、精通阶段 Band 8 和 Band 9 这六个能力等级来描述。如果学习者处于精通阶段，那么可自行自主学习；如果学习者处于独立阶段，可自主学习，也可寻求指导来提高；如果学习者处于初学阶段，将建议其加强学习，并且寻求帮助，授课教师和项目组的语言专家也将联系学习者进行当面沟通交流，给予相应的学习方法和策略的指导，以提高其学术语言能力（Davies & Elder, 2005）。依据诊断阶段各测试结束后提供的能力描述总表，表 3.6 具体描述了该测试的阅读能力等级。

表 3.6　奥克兰大学学术英语诊断评估系统的阅读能力等级

阶段	等级	建议	典型阅读能力描述
精通阶段	B9	无须支持；不太可能有学术英语学习困难	该级别的学习者能高效、轻松地阅读（包括不熟悉话题），能从用语复杂的文本中提取和综合出事实和抽象信息
	B8		
独立阶段	B7	英语能力为满意，无须帮助；学习者可侧重练习某项技能	该级别的学习者能阅读和解释学术文本中最重要的信息，偶尔会犯理解失误
	B6	英语能力为有些满意；建议学习者在某项或多项技能上寻求支持	该级别的学习者通常能理解学术文本，但可能需要一些时间来提取文本中的必要信息或解释部分（特别是语言复杂或思想抽象的文本）
初学阶段	B5	英语能力有限，学术学习面临风险；需要密集的英语学习支持	该级别的学习者难以阅读学术文本；能理解要点，但可能会误解或忽视重要的概念/信息
	B4	英语能力不足，可能面临严重的学业失败风险；需要密集的英语学习支持	该级别的学习者因英语词汇和语法知识不足，能慢速阅读，难以从学术文章中提取出意义或理解作者论点

（摘选自 https://cdn.auckland.ac.nz/assets/delna/delna/delna-handbook.pdf）

综上所述，奥克兰大学学术英语诊断评估系统从能力分级和问题诊断两大目的出发，分别设计了筛选阶段的限时阅读测试和诊断阶段的阅读诊断测试。限时阅读测试的优势在于：运用完形删词题型，以速读和略读形式来考查学生识别每行中所掺杂的多余词的能力，来预测其学术阅读能力（Alderson，2000），其测试效率较高，且测试信度也较高。但在筛选阶段仅从词汇意义和限时阅读来评估学习者的学术语言能力，可能存在构念代表性不足的问题（Doe，2014）。阅读诊断测试的优势在于：运用多种测试题型来诊断学习者在学术英语阅读中的问题，并按三阶六级的语言能力量表来描述学习者的能力水平，突出了初学阶段和部分独立阶段学习者的英语学习问题，而且授课教师和项目组的语言专家也会对学习者提供相应帮助。但是，该诊断测试也有不足，由于是纸笔测试，批阅需要一定时间，反馈的时效性不足；其诊断反馈强调从语言能力量表来描述学习者能力水平，即以描述学习者"能做"的情况，对学习者"不能做"的阅读问题却描述不足，并且也未能在诊断反馈中给予具体的学习建议，不利于学习者依据该反馈信息进行自我反思、自主学习，对后续教与学的效用或不足。

在香港英语诊断跟踪系统中，阅读诊断测试旨在评估学习者在高等教育情境下读懂英语书面语的能力。根据大学教育教学要求与目标，英语阅读能力被分解为各初级和高级层面子技能，具体为：①辨别细节信息的能力；②解释词义或短语义的能力；③理解主要与支撑性观点的能力；④理解并作推断的能力；⑤推断作者逻辑论证的能力；⑥推断作者态度或意图的能力；⑦理解字词间语法关系的能力；⑧辨别文本类型的能力，以此诊断学习者在这八个层面的阅读能力。文本类型主要涉及高等教育情境下的常见文本，如学术文章、传记、书评、影评、专题文章、科幻小说等；任务主题涉及各类高等教育教学相关内容，如商业、经济学、自然科学、健康科学、艺术、环境、教育、日常生活等。任务设计则依据上述这八项阅读子技能来设置考题，并且经前期测试数据，每个考题均有一个校准的项目难度；同时在反馈呈现上还将阅读子技能、文本类型和任务主题一并显示，以提示学习者在这些方面的强项与弱项。题型为选择题（题量一般在20 至 30 题不等），需要学习者从四个选项中选出最适当的选项。相比上述两项阅读诊断测试中较简短的阅读材料，该阅读测试的篇章均相对较长，共有 3 个篇章，每个篇章设有 4 ~ 6 题或 6 ~ 8 题不等的考题，每道考题以考查某一项阅读子技能为主，部分样题如下：

... The task of standardizing English on Chinese menus is a much more daunting task, however. This is a very important and sensitive task. How appetizing do many current translations sound, such as 'stewed bean curd'; 'badly cooked starch cubes'; 'fish in first position' and 'chicken toenails in soy sauce'? They are all out there for public consumption. The committee is currently collaborating with the Beijing Institute of Tourism and they have gathered over 10,000 menus to study. ...

Adherence to this new set of translations isn't mandatory, but the committee is hoping that if the names are adopted in the more upmarket establishments, they will spread to smaller, unrated and even unlicensed restaurants in Beijing (around 40,000) and then beyond to the whole of China. And just in case the language and cross cultural understanding get left at the kitchen door, plans are afoot to train waiters to take orders in standardized English.

3. The writer believes that standardizing English on Chinese menus _____.

    A. cannot be done

    B. is harder than expected

    C. does not result in accuracy

    D. is hard to do for all Chinese dishes

4. The committee hopes that eventually the new translations will _____.

    A. not be applied to 3-star restaurants

    B. be used only in expensive restaurants

    C. spread to 40,000 unlicensed restaurants

    D. gradually become more widely used all over China

（摘选自 https://delta.elc.polyu.edu.hk/delta_web/students/aboutTests.html）

在学习者作答后，该诊断系统运用多层面 Rasch 模型分析，将学习者的阅读子技能、试题难度统一到同一个量尺上，推算学习者阅读子技能与试题难度的关系。在反馈呈现上，从阅读子技能、文本类型、主题这三个层面来呈现学习者在阅读能力上的表现；依据试题答对与答错情况，反馈报告中仅显示答错试题上的文本类型和主题，便于突出学习者需要加强的弱项方面。如图 3.3 所示，左侧为阅读试题的难度量尺，由下至上呈由易至难的等距量尺；右侧为学习者在阅读诊断测试上的作答反应（从左至右依次为所测阅读子技能、文本类型、主题）。学习者的作答反应以答对和答错作为标记，并列上了答错部分相应的文本类型和主题（更以颜色标记答错部分），但不显示答对部分的文本类型和主题，以突出学习者阅读能力上的弱项。此外，针对学习者所诊断出的阅读能力问题，该反馈还提供相关学习资源，如香港理工大学英语语言中心提供的阅读学习指导（https://elc.polyu.edu.hk/cill/reading/）。

所测阅读子技能	文本类型	主题
√辨别细节信息的能力		
√解释词义或短语义的能力		
√理解主要与支撑性观点的能力		
……		
×理解主要与支撑性观点的能力	专题文章	健康科学
√理解字词间语法关系的能力		
√理解主要与支撑性观点的能力		
……		
×辨别细节信息的能力	新闻	环境问题
×理解字词间语法关系的能力	评论文	政治与社会
×理解并作推断的能力	新闻	环境问题

（难　中　易，由下至上为难度量尺）

图 3.3　香港英语诊断跟踪系统中阅读测试的反馈报告

（摘选自 https://delta.elc.polyu.edu.hk/delta_web/about/aboutTheSystem.html）

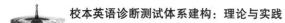

综上所述，香港英语诊断跟踪系统的阅读测试从阅读子技能、文本类型和主题三个维度来跟踪考查学习者的学术英语阅读能力，能够较全面地揭示学习者需要加强的弱项方面；并且按阅读子技能的校准后难度来呈现学习者对这些子技能的掌握情况。但此举也有不足，由于侧重学习者对不同主题文本的阅读能力，如图 3.3 所示，同一项阅读子技能在不同主题文本下可能有不同的掌握情况，不易突显学习者在阅读技能上的强项与弱项，还可能给学习者带来困惑，不知该侧重哪些阅读子技能的学习。另外，由于诊断测试是从试题抽样来考查估算学习者在语言能力上的强项与弱项，该阅读诊断测试也是如此，从有限的主题、文本类型中抽样来测试学习者的阅读能力，但文本主题在每次测试抽样中较为有限（每份阅读诊断测试卷涉及 3 篇主题文章），以有限的文本主题来设定阅读子技能的掌握情况，并以此来概推学习者的阅读能力，其中的效度证据是否充分，该测试的效度是否受影响，这些问题都需要未来研究来进一步探讨和解决。

（三）语言诊断测试对听力的考查

在语言理论研究中，听力能力是语境背景下理解真实话语的能力（Brindley，1998），是不同类型知识交互影响的动态理解过程，主要涉及语言知识和非语言知识，其中语言知识包括语音知识、词汇知识、句法知识、语义知识、篇章结构知识等；而非语言知识包括语境知识、话题背景知识、一般常识等（Buck，2001）。从诊断测试的可操作性出发，听力能力常被解构为各类能力或子技能，不再强调听力理解机制的动态性，而强调通过量化方式来推断某一截面的听力理解能力，是对听力子技能的"静态"描述（Aryadoust，2021）。基于欧框的欧洲在线语言诊断系统、奥克兰大学学术英语诊断评估系统、香港英语诊断跟踪系统都设计了听力诊断测试，表 3.7 列出了这三大诊断测试对听力的考查情况。

表 3.7 语言诊断测试对听力的考查

语言诊断测试系统	听力测试题型	每套题量	测试时间	作用
基于欧框的欧洲在线语言诊断系统	选择题、填空题（多项选择、填空）	30 题	不限时	诊断
奥克兰大学学术英语诊断评估系统	选择题、简答题（读听结合）	—	限时	诊断
香港英语诊断跟踪系统	选择题	20 ~ 30 题	限时	诊断

总体而言，在任务设计方面，语言诊断测试主要采用客观测试题（选择题和填空题）的形式来考查学习者的听力能力，提高测试信度和测试效率。在题量与测试时间方面，阅读诊断测试有不限时也有限时，但完成时间均较可控。基于欧框的欧洲在线语言诊断系统作为在线开放测试系统，对听力测试也不限时，但听力录音只播放一次；奥克兰大学学术英语诊断评估系统和香港英语诊断跟踪系统作为入学后的分级与诊断测试，均以限时形式实施。在作用方面，听力诊断测试主要用于诊断学习者听力理解水平与问题。

具体而言，语言诊断测试系统在具体设计和实施听力诊断测试中存在较大差异。各听力诊断测试在任务设计、具体题型、试题数量、反馈呈现上又略有不同。如下将分析各个词汇诊断测试的设计实践，包括任务设计、所测题型、反馈呈现等，并探讨其中的优势与不足，以期为未来测试设计实践提供参考。

在基于欧框的欧洲在线语言诊断系统中，听力诊断测试所考查的听力技能包括三个层面：辨别主旨大意、获取具体信息和作出推断等子技能，以此诊断学习者在这三个层面的听力能力表现。登录该诊断系统官网，如上节所述，因该诊断测试系统支持多种欧洲语言，需选择测试语言和待测语言技能，而分级测试是首先建议参与的测试，便于后续测试试题具有适宜性和针对性。因此在进入并完成分级测试后，再进入听力诊断测试。与上节所述流程一致，在进行听力诊断测试之前，该测试系统将首先建议学习者进行听力能力的自我评估，按"是 / 否"判断题的形式作答。

听力能力的自我评估参照欧洲语言共同参考框架来设定，以"能做"语式呈现，需要学习者就自己的听力能力作出判断。题量为 18 题，其反馈报告将在听力诊断测试结束后一并报告。需要指出的是，该步骤也并非必须，学习者可自行选择进入或跳过，如果跳过则系统将提醒学习者，即后续试题难度的适宜性将无法保证，并且也无法评估学习者对自身语言水平的认知情况。在完成自我评估后，该诊断系统将提示学习者正式进入听力诊断测试，所测题型为选择题和填空题，涉及不同文本类型和不同话题领域的内容；任务设计则依据辨别主旨大意、获取具体信息、作出推断等三项听力子技能来设置考题；用于测试的听力材料均较简短，每道题为一份简短材料，以考查某一项听力子技能为主。每段录音只播放一次，部分试题如下：

1.Listen to the dialogue between a customer and a counter assistant in a post office.

When will the letter arrive in Australia?

A.In less than a week.

B.In over a week.

C.In two weeks.

D.It changes from week to week.

2.What is the purpose of the monologue?

A.To provide the address of a sports shop.

B.To describe where to buy sports equipment.

C.To advertise a sale.

D.To persuade people to take up sport.

3.What does the report say about surgeons?

A.They have started an active campaign against smoking.

B.Many of them smoke even if they know it's not wise.

C.They don't want to operate on those who continue heavy smoking.

4.What is the best word for the gap (...) in the sentence below? Write it in the box.

The woman who is interviewed in a street Gallup poll thinks the shops should be _____ on Sundays.

（摘选自 https://dialangweb.lancaster.ac.uk/setals）

在听力测试结束后，系统提供即时反馈报告，包括学习者的能力等级、试题作答情况、分级测试结果、自我评估反馈以及建议。具体而言，学习者的能力等级参照欧洲语言共同参考框架中三等六级语言能力量表来描述学习者的听力能力级别，详见表 3.8。试题作答情况则方便学习者了解其在辨别主旨大意、获取具体信息、作出推断等三类听力子技能上的作答情况，还可回顾试题，重听听力材料，查看正确答案。自我评估反馈则通过对比自我评估的能力等级与实际测试结果，提醒学习者是否需要调整自我认知，以便了解自身水平，制定合理目标。建议部分侧重基于欧洲语言共同参考框架下学习者所属能力等级的高一级和低一级的对比，便于学习者根据对比找出差距。表 3.9 列示了基于欧框的具体听力能力描述，从话语类型、话语内容、条件和限制来呈现 A1 至 C2 的听力能力。此外，该系统还提供了较为详细的听力能力等级提升建议，专门针对 A1 至 A2 级别、A2 至 B1 级别、B1 至 B2 级别、B2 至 C1 级别、C1 至 C2 级别这 5 个能力等级过渡阶段，具体建议如下：

（1）针对 A1 至 A2 级别的提升建议：

➤ 参加语言学习班，教师会在听力策略方面对你进行指导；你也可以参加远程语言学习项目，使你的听力得到系统化练习。

➤ 在听英语时，能够根据听懂的名字或简单词语等猜测文本的含义。

➤ 借助视觉提示、图片、语调、声音 / 音乐等信息理解谈话者的意思及态度。

➤ 在对话或听对方讲话时，不要害怕要求对方重复或换一种表述，母语人士也会这样做！不要说"I don't understand."而要说"Can you repeat that please？"、"Say that again please." 或 者 是"Could you speak more slowly？"。听的越多，理解就会越好。

（2）针对 A2 至 B1 级别的提升建议：

➤ 不必要求自己第一次就听懂；再听一次，看看自己是否能理解得更多一些。

➤ 预测你将听到的话语类型（借助情境或通过母语听到、读到相关话题和人物的背景信息），做好准备。

> 如果电台或电视中有英语节目，认真听谈话内容、尽量理解主旨大意，不必担心个别词没听懂。

> 边看歌词边听歌曲。

（3）针对 B1 至 B2 级别的提升建议：

> 扩大你所听材料的题材范围和文本类型，包括表述不规范的英语。

> 尽量观看英语原声电影；不管是中文的还是英语的字幕都很有用，但同时也要认真听。

> 如果能接收到一个或多个英语电台，收听与你感兴趣的话题相关的节目。

> 将电视或电台节目录下来，多听几遍，努力听懂主要内容，每次关注不同的方面，必要时可使用词典。

（4）针对 B2 至 C1 级别的提升建议：

> 多收听英语电台并收看英语电视节目和电影。

> 留心母语人士使用的谈话策略，并将其记录下来。

> 研究策略，应对可能会有理解困难的不规范用法（记录你的困难，并向你的老师或母语人士寻求帮助。）

（5）针对 C1 至 C2 级别的提升建议：

> 定期收听英语电台并收看英语电视节目和电影。

> 多接触不规范或地区性英语用法，便于你习惯其特点。

表 3.8　基于欧框的欧洲在线语言诊断系统的听力能力等级描述

听力能力等级	能力标准描述
C2	该级别的学习者能够听懂现场或媒体等任何形式的口语；在适应对方口音后，他们能够听懂语速较快的母语人士的话语
C1	该级别的学习者能够听懂结构混乱、观点隐晦的话语；能轻松地听懂电视节目和电影
B2	该级别的学习者能够听懂较长的话语和讲座，以及话题相对熟悉的复杂论证；能够听懂大部分电视新闻和时事节目

听力能力等级	能力标准描述
B1	该级别的学习者能够听懂与工作、学校、休闲等熟悉主题相关的发音清晰、用语规范的话语，理解其主要内容；在语速较慢、发音清晰的情况下，他们能够听懂与个人或专业兴趣相关的时事性电视或电台节目的主要内容
A2	该级别的学习者能够听懂与个人重要事宜相关的表述及常见单词，如基本的个人和家庭信息、购物和工作；能够听懂简短、清晰的消息和公告的主要内容
A1	在对方语速缓慢、发音清晰的情况下，该级别的学习者能够听懂与个人、周围的人物及事物相关的简单短语

（摘选自 https://dialangweb.lancaster.ac.uk/setals#）

表 3.9　基于欧框的欧洲在线语言诊断系统的听力能力描述

	A1	A2	B1	B2	C1	C2
我能够听懂什么类型的话语	与自己、熟悉的人物和周围事物相关的非常简单的短语；提问、指令和指示。例如，日常表述、提问、指令和简短的指示	与对自己重要的事宜相关的简单短语和表述；简单的日常对话和讨论；与日常话题相关的媒体节目。例如，消息、日常交流、指示、电视和电台中的新闻	与熟悉事物或事实性信息相关的话语；日常对话和讨论；媒体节目和电影。例如，操作说明、简短的讲演和对话	与熟悉主题相关的话语；讲演；媒体节目和电影。例如，技术讨论、报道及现场采访	大部分口语；讲演、讨论和辩论；公告；复杂的技术信息；录音材料及电影。例如，母语人士之间的对话	现场或广播等任何形式的口语；专业化的讲演和展示
我能够听懂什么内容	名称和简单单词；话语大意；充分听懂并能做出提供个人信息、遵循指示等回应	日常用语；简单的日常对话和讨论；要点。能够完全听懂	猜测生词含义；主旨大意及特定细节	主旨大意及特定信息；复杂的观点及语言；讲话者的观点及态度	充分听懂并积极参与谈话；听懂抽象、复杂的主题；理解谈话者之间的隐含态度及关系	能自如地理解整体和细节信息

续表

	A1	A2	B1	B2	C1	C2
条件和限制	发音特别清晰准确、语速缓慢的讲话。讲话者需要能够体谅你的能力	发音清晰、语速缓慢的讲话。需要借助图片或者讲话者能够体谅你的能力较弱并提供帮助；有时需要对方重复或换一种方式表达	发音清晰、表述规范的讲话；需要视觉或动作辅助；有时会需要对方重复某个单词或短语	能听懂规范表述和部分习语表述，即使在相对嘈杂的环境中	当对方口音不熟悉时，偶尔需确认细节信息	几乎没有限制，有时候需要适应不熟悉的情况

（摘选自 https://dialangweb.lancaster.ac.uk/setals# ）

综上所述，基于欧框的欧洲在线语言诊断系统从三个听力子技能层面（即辨别主旨大意、获取具体信息、作出推断）来考查学习者的听力能力，并诊断其中问题。反馈报告从能力等级、作答情况、分级测试、自我评估以及建议来呈现。其中能力等级按欧框的三等六级从总体上来描述听力能力（如表 3.8 所示）；作答情况按听力子技能分类呈现答对与答错情况，并可回顾题目以反思其作答表现；分级测试与上节所述一致，以词汇量来对学习者语言水平进行粗略分级；自我评估反馈结合能力等级来对比评估学习者是否需要调整自我认知，制定合理目标；建议部分则结合欧框来具体描述学习者能听懂什么类型的话语、话语内容，以及相应的条件和限制，并提供向上一级能力迈进的学习建议。然而，该测试系统也存在不足。如前所述，分级测试是进入整个测试系统的第一项测试，并建议学习者完成以便保证后续诊断的针对性，但也造成了每次选取一项新的测试就得进行分级测试，学习者可能因完成多项测试而多次参与分级测试，这将影响整个测试的效度。另外，Chapelle（2006）也提出了自我评估与该测试结果不匹配的情况，虽然该测试系统也从整体学习者视角给出了很多原因，解释会有很多因素造成两者结果不匹配，以帮助学习者自查与反思自身问题，但仍略笼统，未能从个体学习者视角来针对性地提出两者不匹配的原因与建议。此外，从诊断反馈的作答情况来看，题项在听力子技能的设置上也略显不均衡，辨别主旨大意的听力子技能的题项相对较多，获取具体信息和作出推断的听力子技能的题项则相对较少，因此在所测试题量不均衡情况下，对学习者听力能力的评估证据是否充分，这还需要未来研究来深入探讨。

在奥克兰大学学术英语诊断评估系统中，听力测试是诊断阶段的测试，针对经筛选后的目标学生群体，以综合听力任务的形式来考查，即学习者需要先读一篇简短的介绍性文章以了解主题，再听一个相同主题的小型学术讲座，以综合考查学习者的学术英语听力能力。听力测试将所测构念分解为四项子技能，分别为：①查找和回忆具体或关键信息的能力；②重组讲座信息以完成图表任务的能力；③概括要点的能力；④区分要点和支撑性细节的能力。听力试题依据上述阅读子技能来设计，题型包括选择题和填空题。相比较简短的听力材料（如基于欧框的欧洲在线语言诊断系统采用每道题一份简短材料），该听力测试则采用较长材料来涵盖所有试题，限时完成时间为30分钟，部分样题如下：

[You hear a section of the lecture as follows]

1. "...Community health proponents argue that to prevent ill health and promote good health it is necessary for a community health centre to be concerned about the economic, social and environmental well-being of the community, as well as about disease diagnosis and treatment..."

   Question: What are the two basic aims of the community health programmes?

2. "...There is no broad agreement about the legitimacy and value of the community health approach and so there is a lack of broad support within the political parties, with policy makers within the health professions and the health bureaucracies for the community health sector. For this reason, the sector remains small and a relatively minor component of both the public health and broader health systems..."

   Statement: The community health sector is relatively small because:

   A.it is not legitimate.

   B.the health sector groups disagree about its importance.

   C.there are conflicting opinions amongst the public at large about it.

   D.there is a lack of consensus about its value.

（摘选自 https://cdn.auckland.ac.nz/assets/delna/delna/delna-handbook.pdf）

在听力诊断测试结束后，学习者还需参加写作诊断测试；待完成整个诊断阶段的测试后，方能提供相应的诊断报告。需要指出的是，诊断阶段的测试为纸笔测试，需人工批阅，诊断反馈约在诊断阶段测试结束后 10 天内以邮件形式发送给学习者。如前所述，诊断反馈将以三阶六级的语言能力量表的形式来描述学习者的能力水平，即以初学阶段 Band 4 和 Band 5、独立阶段 Band 6 和 Band 7、精通阶段 Band 8 和 Band 9 这六个能力等级来描述。如果学习者处于精通阶段，那么可自行自主学习；如果学习者处于独立阶段，可自主学习，也可寻求指导来提高；如果学习者处于初学阶段，将建议其加强学习，并且寻求帮助，授课教师和项目组的语言专家也将联系学习者进行当面沟通交流，给予相应的学习方法和策略的指导，以提高其学术语言能力（Davies & Elder，2005）。依据诊断阶段各测试结束后提供的能力描述总表，表 3.10 具体描述了该测试的听力能力等级。

表 3.10 奥克兰大学学术英语诊断评估系统的听力能力等级

阶段	等级	建议	典型听力能力描述
精通阶段	B9	无须支持；不太可能有学术英语学习困难	该级别的学习者能理解、回忆和综合母语语速下学术讲座中的要点和支撑性细节
	B8		
独立阶段	B7	英语能力为满意，无须帮助；学习者可侧重练习某项技能	该级别的学习者能理解并提取学术讲座中的几乎所有的相关信息，但在需要综合母语语速下的大量信息时，可能会遇到困难
	B6	英语能力为有些满意；建议学习者在某项或多项技能上寻求支持	该级别的学习者能理解母语语速下学术讲座的大部分内容，但可能会理解得慢，有时难以区分要点和支撑性细节
初学阶段	B5	英语能力有限，学术学习面临风险；需要密集的英语学习支持	该级别的学习者在听懂母语语速下学术讲座时有相当大的困难，可能会误解或得出错误结论
	B4	英语能力不足，可能面临严重的学业失败风险；需要密集的英语学习支持	该级别的学习者无法提取学术讲座中的关键信息或解释其含义

（摘选自 https://cdn.auckland.ac.nz/assets/delna/delna/delna-handbook.pdf）

综上所述，奥克兰大学学术英语诊断评估系统的听力测试侧重评估入学新生的学术英语听力能力，即学习者能否听懂母语语速下的学术讲座。该测试的优势在于：以先读后听的综合任务形式来测试，可提高测试的真实性，更符合现实大学学习过程中的读、听相结合的学习任务；同时也可提高测试的公平性，通过给予所有学习者同样的阅读材料以简介主题，为学习者提供均等的背景信息，弱化先验知识与片面内容的影响。但是，该测试也有不足。该测试任务的条件为母语语速下的学术讲座，而快速的语速和不熟悉的话题类型是削弱听力理解的重要因素，会影响到该测试对学习者听力子技能问题的诊断。另外，该测试的构念较为局限，仅涉及学术英语听力能力的四项子技能（即查找和回忆具体或关键信息的能力、重组讲座信息以完成图表任务的能力、概括要点的能力、区分要点和支撑性细节的能力）。Richards（1983）提出学术听力技能可分为十八项子技能，涵盖不同学术话题下话语内容与目的的辨识能力、说话人态度与观点的理解与推断能力、对不同语域、语速和语音下话语的理解能力等。从测试设计的可操作性上看，所测试题未必需要覆盖十八项听力子技能，但从不同语域、语速、话语类型、能力侧面等多个角度来切入，能较全面地描述不同能力阶段学习者在听力理解上的强项与弱项，以此增强其诊断反馈的教学效用。此外，如前所述，该测试由于是纸笔测试，批阅需要一定时间，反馈的时效性也不足，期待未来将有所改进。

在香港英语诊断跟踪系统中，听力测试旨在评估学习者听懂高等教育情境下的英语口语的能力。根据其大学教育教学要求与目标，英语听力能力从三个层面来解构，对语音的辨别、对意义的理解、和对推断意义的理解（Urmston，Raquel & Tsang，2013）。具体而言，听力能力与阅读能力的解构相似，具体被分解为六项子技能，包括：①辨别细节信息的能力；②解释词义或短语义的能力；③理解主要和支撑性观点的能力；④理解并作推断的能力；⑤推断说话人的逻辑论证的能力；⑥推断说话人的态度或意图的能力。话语类型主要涉及高等教育情境下的常见话语，如讨论、辩论、会话、说明、新闻报道、个人反思、讲演、电视/广播访谈等；语音标准，语速自然，任务主题涵盖各类高等教育教学相关内容，如商业、经济学、自然科学、媒体通讯、健康科学、历史与文化、政治与社会、艺术等。任务设计则依据上述这六项听力子技能来设置考题，并且经前期测试数据，每个考题均有一个校准的项目难度；同时在反馈呈现上还将听力子技能、话语类型和任务主题一并显示，以提示学习者在这些方面的强项与弱项。题型为选择题（题量一般在 20 至 30 题不等），需要学习者从四个选项中选出最适当的选项。该测试共有 4 篇话语，每篇话语设有 4～6 题或 6～8 题不等的考题，每道考题以考查某一项听力子技能为主，部分样题如下：

1. … It's not until after this has worn off a little bit that you start to run into some of the problems and you might begin to lose your sense of balance. The climate will be different, the traffic problems may be very different or you may find that the food is not to your liking. You begin to realise that you are an outsider and although the people from that country are being polite and fairly kind to you, you start to realise that they don't actually understand what the problems are for you.

At this point you can feel yourself being critical about the culture and begin to lose your sense of humour. You might begin to think about your own culture very fondly and you might without knowing it idealise or over-idealise your own culture, romanticise it, think about how everything at home is wonderful, you could get quite exaggerated ideas of how it is back home in this particular stage. A lot of people get to this stage, suffer it for a while and then give up.

2. The speaker says that in STAGE 2 of culture shock "you might begin to lose your sense of balance". What does this mean?

   A. You feel that you are an outsider.

   B. You don't care about others' problems.

   C. You become overly fond of the new culture.

   D. You tend to forget about your home culture.

3. At this stage, why will you feel critical about the new culture?

   A. You dream of being at home.

   B. You think the new culture has no humour.

   C. You confirm that your own culture is better.

   D. You only remember the good aspects of your own culture.

（摘选自 https://delta.elc.polyu.edu.hk/delta_web/students/aboutTests.html）

　　在学习者作答后，该诊断系统运用多层面 Rasch 模型分析，将学习者的听力子技能、试题难度统一到同一个量尺上，推算学习者听力子技能与试题难度的关系。在反馈呈现上，从听力子技能、话语类型、主题这三个层面来呈现学习者在听力能力上的表现，依据试题答对与答错情况，反馈报告中仅显示答错试题上的话语类型和主题，便于突出学习者需要加强的弱项方面。如图 3.4 所示，左侧为听力试题的难度量尺，由下至上呈由易至难的等距量尺；右侧为学习者在听力诊断测试上的作答反应（从左至右依次为所测听力子技能、话语类型、主题）。该图清晰地显示了学习者在哪项听力子技能上较为薄弱，并附上了相应的话语类型和主题，并加以标记，以突出学习者的薄弱环节。反馈报告还附上了相关的听力学习资源，如香港理工大学英语语言中心提供的听力学习指导（https://elc.polyu.edu.hk/cill/listening/）。

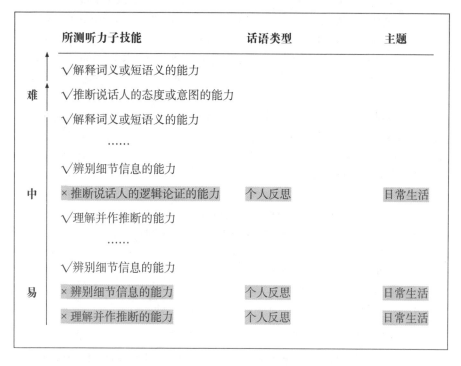

所测听力子技能	话语类型	主题
难 √解释词义或短语义的能力		
√推断说话人的态度或意图的能力		
√解释词义或短语义的能力		
……		
√辨别细节信息的能力		
中 ×推断说话人的逻辑论证的能力	个人反思	日常生活
√理解并作推断的能力		
……		
√辨别细节信息的能力		
易 ×辨别细节信息的能力	个人反思	日常生活
×理解并作推断的能力	个人反思	日常生活

图 3.4　香港英语诊断跟踪系统中听力测试的反馈报告

（摘选自 https://delta.elc.polyu.edu.hk/delta_web/about/aboutTheSystem.html）

　　综上所述，香港英语诊断跟踪系统的听力测试从听力子技能、话语类型和主题三个维度来考查学习者的学术英语听力能力，与其阅读测试相似，侧重揭示学习者需要加强的弱项方面，突显学习者在不同话语类型和主题下的听力子技能的掌握情况。然而，该测试也有不足之处。由于所测的话语类型和主题有限（每份听力诊断测试卷有 4 篇主题材料），以有限的话语类型和主题来分析听力子技能的掌握情况，较难呈现学习者在听力子技能上的强项与弱项，如图 3.4 所示，"辨别细节信息的能力"在不同话语类型和主题下的掌握程度有差异，这可能为学习者带来困惑，即学习者是否已经掌握该项听力子技能。另外，该测试系统鼓励学习者在大学期间多次参与测试，以诊断学习者的学术英语能力并跟踪其能力发展状况。但就目前来看，相关的历时研究仍较少，该测试系统对教与学的后果还有待未来研究深入。

（四）语言诊断测试对写作的考查

在语言理论研究中，写作能力在不同理论视角下有不同的能力侧重点。在技能对比视角下，写作能力被视为输出性技能，与口语能力有相同也有不同之处（Brown，1994）；在社会文化视角下，写作是一种社会和文化语境下的特定语言活动（Hamp-Lyons & Kroll，1997）；在认知视角下，写作是一种涉及感知觉、注意、表象、工作记忆、情感动机等心理过程的复杂认知活动（Hayes & Flower，1980；Hayes，1996）；在外语写作视角下，写作是一种多因素交互作用的复杂过程，受母语迁移影响，也受学习者本身语言水平、知识储备、社会文化因素、动机情感因素等影响（Weigle，2002）。在语言测评研究中，写作能力的测量较为复杂，在汲取理论研究成果外，还需关注更多的测评影响因素，如受测试任务特征、评分员评分行为等因素影响（Bachman & Palmer，1996；Cumming，Kantor & Powers，2002；Bachman & Palmer，2010；Goodwin，2016；何莲珍、孙悠夏，2022）。在写作诊断测试领域，相应的测试设计较少，基于欧框的欧洲在线语言诊断系统、奥克兰大学学术英语诊断评估系统作了相关尝试，表 3.11 列出了这两大诊断测试系统对写作的考查情况。

表 3.11　语言诊断测试对写作的考查

语言诊断测试系统	写作测试题型	每套题量	测试时间	作用
基于欧框的欧洲在线语言诊断系统	间接写作题（选择题、填空题）	30题	不限时	诊断
奥克兰大学学术英语诊断评估系统	直接写作题（图表题、读写结合题）	2题	限时	诊断

　　总体而言，在任务设计方面，语言诊断测试会采用间接和直接写作形式来考查学习者的写作能力。两种写作形式各有优势，间接写作形式通过使用填空题、多项选择题等形式来提高测试效率和信度；而直接写作形式更符合真实的写作情境，能有效测量学习者的语言运用能力，有助于提高测试效度。在题量与测试时间方面，间接写作测试为离散型题项，题量相对多，虽不限时，但测试时间也较可控；直接写作测试为读写结合题项，题量相对少，需限时完成。在作用方面，写作诊断测试的目的主要用于诊断学习者的写作水平与问题。

　　具体而言，语言诊断系统在具体的测试设计和实施方面存在较大差异。如下将分析这两大测试系统在写作诊断测试的任务设计、所测题型、反馈呈现等方面的实践，并探讨其中的优势与不足，以期为未来测试设计实践提供参考。

　　在基于欧框的欧洲在线语言诊断系统中，写作诊断测试所考查的写作技能包括三个层面：语言得体性、语言准确性和语篇组织等子技能，以此诊断学习者在这三个层面上的写作能力表现。在登录该诊断系统官网，如上节所述，因该诊断测试系统支持多种欧洲语言，需选择测试语言和待测语言技能，而分级测试是首先建议参与的测试，便于后续测试试题具有适宜性和针对性。分级测试完成后即得到反馈结果，以六个级别的词汇量来对学习者进行语言能力上的初步分级（如表 3.2 所示）。

　　随后进入写作能力的自我评估，与上节所述流程一致，该自评也参照欧洲语言共同参考框架来设定，以"能做"语式呈现，按"是 / 否"判断题的形式作答，题量为 18 题，需要学习者就其运用的写作能力作出判断。其反馈报告将在写作诊断测试结束后一并报告。如上节所述，该步骤也并非必需，学习者可自行选择进入或跳过，如果跳过则系统将提醒学习者，即后续试题难度的适宜性将无法保证，并且也无法检查学习者对自身语言水平的评估是否符合实际情况。在完成自我评估后，该诊断系统将提示学习者正式进入写作诊断测试，所测题型为选择题和填空题；任务设计则依据语言得体性、语言准确性和语篇组织等三项写作子技能来设置考题，每道考题以考查某一项写作子技能为主，部分试题如下：

1.Choose the best word for the gap in the following text.

The recipe shown is very lightly cooked to maximise the _____. Please be aware that undercooked fish should be avoided by high risk groups such as pregnant women, young children and the elderly.

A.smell　　B. flavor　　C. scent　　D. taste

2.Dictionary definition: (plural noun) groups of birds, sheep or goats.

Use the dictionary definition to complete the gap in the text. Write one word only. The first letter of the word ('f') has been given.

In mid-spring empty hillsides in the Greek-Albanian border regions come alive to the sounds of sheep and goats' bells as the Vlachs, Europe's last semi-nomadic pastoralists, bring their large f_____ up from the plains.

3.Complete the sentence by using the two words below. Use BOTH words (and any additional words that you may need).　there lot

_____ mistakes in my homework so I had to do it again.

4.Write the following words or groups of words (a, b or c) in the gaps in the text. Write one word / group in each gap. (a) nevertheless (b) needless to say (c) surprisingly

The results for Biology were as expected. Klein, Jones and Phillips all got A grades though, _____, Bircher only got a B. The middle order candidates all passed. _____, given the greater demands of the new syllabus and the year's relative academic weakness, the average grade was below our usual standards and the proportion of fails was slightly up on last year. _____, I am not discouraged by the results and am confident that, with greater familiarity with the design of the new exam, we will be able to achieve higher standards next year.

（摘选自 https://dialangweb.lancaster.ac.uk/setals）

在写作诊断测试结束后，系统提供即时的反馈报告，包括学习者的能力等级、试题作答情况、分级测试结果、自我评估反馈以及建议。具体而言，学习者的能力等级参照欧洲语言共同参考框架中三等六级语言能力量表来描述学习者的写作能力级别，详见表 3.12。试题作答情况则方便学习者了解其在语言得体性、语言准确性和语篇组织等三类写作子技能上的作答情况，还可回顾试题查看正确答案。自我评估反馈则通过对比自我评估的能力等级与实际测试结果，提醒学习者是否需要调整自我认知，以便了解自身水平，制定合理目标。建议部分侧重基于欧洲语言共同参考框架下学习者所属能力等级的高一级和低一级的对比，便于学习者根据对比找出差距。表 3.13 列示了基于欧框的具体写作能力描述，从文本类型、文本内容、条件和限制来呈现 A1 至 C2 的写作能力。此外，该系统还提供了较为详细的写作能力等级提升建议，专门针对 A1 至 A2 级别、A2 至 B1 级别、B1 至 B2 级别、B2 至 C1 级别、C1 至 C2 级别这 5 个能力等级过渡阶段，具体建议如下：

（1）针对 A1 至 A2 级别的提升建议：

➤ 参加英语学习班，学习更多的句法和词汇，注意句子结构以及主从句之间的衔接。

➤ 学习基本的英语的书信写作方式，例如，学习给朋友和陌生人写信时如何使用不同的开头和结尾。

➤ 尽量多阅读、多听或多使用英语；在该阶段，与英语任何形式的接触都会促进写作能力的提高。

➤ 把新单词、句型记在本子上便于学习，同时提高你的拼写水平。

➤ 试着了解英语生词的构词法。

（2）针对 A2 至 B1 级别的提升建议：

➤ 增加写作的题材范围和文本类型，例如试着将同样内容的信写给不同的人：朋友、客人、顾客、雇主等，注意所写内容的风格和正式程度。

➤ 学习写议论文、记叙文或表达感受和意愿时常用的英语表述、短语和词汇；可将这些内容记录在你的词汇本中以便参考。

➤ 注意如何写内容完整、结构合理的文本（如何组织文本、如何使用连接词）；当你准备写长文本时，首先要画一个思维图。

➤ 学习英语中的礼貌用语，不礼貌比语言错误更让人难以忍受，会导致你的信件和消息起不到应有的作用。

➤ 每天都用英语写点东西，例如，写日记。

（3）针对 B1 至 B2 级别的提升建议：

➤ 积极寻找机会扩大你的词汇量和习语量。

➤ 积极找出文本的写作目的及不同文本的典型特征。

➤ 把你阅读的内容作为提高写作的来源，如果你能广泛阅读并注意其他人写作时采用的表达方式，你的写作会越来越好。

➤ 学习写作方面的指导书。

（4）针对 B2 至 C1 级别的提升建议：

➤ 借助词典、指导手册、母语人士和熟练的语言使用者等资源，努力解决你在写作中已意识到存在的难点。

➤ 将阅读中遇到的新单词和习语记录下来，尤其是那些在你专业领域内或阅读经常涉及的话题内的单词和习语；系统地复习以保证你一直熟悉这些新内容。

➤ 留意文本中作者表明立场或发表观点的地方（尽管其观点可能比较隐晦），辨别作者的表现手法。

➤ 研究不同语境下写作的区别，例如，学术语境、工作语境和休闲语境；如果你对某一特定的话题领域了解得比较多，尝试向非专业人士撰写该方面的文章。

（5）针对 C1 至 C2 级别的提升建议：

➤ 试着留意并"搜集"习语，注意其使用语境；留意用以强调观点的短语，例如如何开始反面论证、如何强调个人观点的新颖性或重要性；也要留意间接表达观点的短语，例如通过评价他人表演得好坏程度。

➤ 留意文本在社会中的不同用途，例如，用于劝告或是提出某种观点和看法。

➢ 留意作者对于他们所写的事件的立场／承诺及对读者的立场／承诺是如何体现出来的，例如，在叙述中作者的角色定位是旁观者还是参与者，以及作者是否认为自己是目标读者。

➢ 积极留意并质疑已认识的词在语境中的特殊意义以及词根的不同变体。

➢ 学习相近表述之间在含义上的细微差别（可以在词典、文体和写作方面的指导手册中查到这类信息）。

表 3.12　基于欧框的欧洲在线语言诊断系统的写作能力等级描述

写作能力等级	能力标准描述
C2	该级别学习者能够进行清晰、流畅、恰当的写作；能够写复杂的信件、报告和文章，所用方式能够让读者注意并记住其要点；能够对专业性和文学性文本进行总结和评论
C1	该级别的学习者能够写出内容清晰、结构合理的文本，详尽表述自己的观点；能够撰写主题复杂的信件、论文或报告，并对重要观点进行强调；能够以适合预期读者的个性化方式自信地写出不同类型的文本
B2	该级别的学习者能够写与个人兴趣相关、主题广泛、清晰详细的文本；能够写文章或报告，用以传递信息、支持或反对某一特定观点；能够写信件，强调事件和经历对个人的意义
B1	该级别的学习者能够就个人熟悉或感兴趣的话题写出简单的文本；能够在私人信件中描述经历和印象
A2	该级别的学习者能够写以日常事物和需求为主题的简短便条和信息；能够写非常简单的私人信件，比如因某事而向某人致谢
A1	该级别的学习者能够写简短的明信片，比如致以节日问候；能够在表格中填写个人信息，如在旅馆登记表中填写名字、国籍和地址

（摘选自 https://dialangweb.lancaster.ac.uk/setals#）

表 3.13　基于欧框的欧洲在线语言诊断系统的写作能力描述

	A1	A2	B1	B2	C1	C2
我能够写什么类型的文本	非常短的文本：孤立的词，非常简短、基础的句子。例如，简单的信息、便条、表格和明信片	通常能够写简短的文本。例如，简单的个人信件、明信片、信息、便条和表格	与熟悉事物或事实性信息相关的话语；日常对话和讨论；媒体节目和电影。例如，操作说明、简短的讲演和对话	能够写出各种类型的文本	能够写出各种类型的文本；能够清晰准确地进行表达、灵活有效地使用语言	能够写出各种类型的文本；能够准确表达细微的含义；能够写出有说服力的文章
我能够写什么内容	数字、日期、自己的名字、国籍、地址和旅游中填写简单表格时要求填写的其他个人信息；用 and 或 then 等连接词连接的简短句子	描述迫切需求、个人经历、熟悉的地方、爱好、工作等的文本；由简短、基本的句子构成的文本；能在写故事或列点描述某事时使用最常见的连接词（and、but、because）将句子连接起来	能够向朋友、服务人员等生活中常见的人物表达简单信息；能够全面地表达简单易懂的观点；能传达消息、表达对如电影、音乐等抽象话题或文化类话题的看法；能详细描述经历、感受和事件	能够有效地传达消息、表达观点，并能够与其他消息和观点联系起来；能用各种连接词清楚地表达不同观点之间的关系；拼写和标点符号用法基本准确	能够自如地运用语篇组织模式、连接词和衔接手段，写出内容清晰、语言流畅、结构合理的文本；根据确定性/不确定性、相信/怀疑、可能性等程度恰当调整观点和陈述；文章整体结构、段落安排和标点使用等前后统一有效；除偶尔有错误外，拼写准确	能充分、恰当地运用各种语篇组织模式及衔接手段，创作语言连贯、条理清楚的文本；写作无拼写错误

续表

	A1	A2	B1	B2	C1	C2
条件和限制	除了最普通的单词和表述外，写作者需要词典的帮助	只能就熟悉的常规话题进行写作，撰写连续、连贯的文本有困难	写作文本范围只限于熟悉和常见类型，例如描述事情、描写事件发展顺序等，但是展开论述或对事物进行对比等则比较难	在表示立场或者在描述感受和经历时，通常会感到表达微妙差别有困难	在表示立场或者在描述感受和经历时，可能会感到表达微妙差别有困难	除了偶尔遇到不熟悉领域里的专用术语外，一般不需要使用词典

（摘选自 https://dialangweb.lancaster.ac.uk/setals#）

综上所述，基于欧框的欧洲在线语言诊断系统从三个阅读子技能层面（即语言得体性、语言准确性和语篇组织）来考查学习者的写作能力，并诊断其中问题。其反馈报告包括能力等级、作答情况、分级测试、自我评估以及建议。其中能力等级按欧框的三等六级从总体上来描述写作能力（如表3.12所示）；作答情况按写作子技能分类呈现答对与答错情况，并可回顾题目以反思其作答表现；分级测试与上节所述一致，呈现学习者在词汇量上的测试结果；自我评估反馈用以评估学习者是否需要调整自我认知，制定合理目标，并且该系统还对自我评估与实际测试结果不一致的情况做了解释和说明；建议部分结合欧框来具体描述学习者能写什么类型的文本、内容，以及相应的条件和限制，并提供向上一级能力迈进的具体学习建议。但是，该测试系统也有不足之处。该写作测试是间接写作形式，离散性地考查学习者在语言得体性、语言准确性和语篇组织上的"间接"写作能力。因间接写作测试脱离真实的写作情境，较难真实有效地测量出学习者的写作能力（Weigle，2002）。此外，自我评估与测试结果不一致的情况仍可能存在，自我评估改编自欧框的写作自我评估标准，从"能写什么"来评价自我能力；而该写作测试所测的是"间接"写作能力，未能测量学习者真实的语言运用能力，即能写什么，因此两者在所测量的能力上并不同步，易导致不一致情况发生，继而影响学习者对该测试的信任度与未来的使用。

在奥克兰大学学术英语诊断评估系统中，写作诊断测试是诊断阶段的最后一项测试，针对经筛选后的目标学生群体，以直接写作的形式来考查。该写作诊断测试共设有两类写作任务，其一是短文写作（即有关图表的学术写作任务），其二是长文写作（即概要写作和议论文写作任务）。如前所述，该诊断系统是基于奥克兰大学的教育教学需求而开发，用以检测入学新生（包括大学新生至博士研究生新生）的学术语言水平，并提供详细的问题诊断以及相应的学习支持。根据该学校对不同新生群体的教学要求和培养目标，博士研究生新生需参加长文写作测试，而非博士研究生的新生则参加短文写作测试。短文写作测试采用图表写作任务，即给予某图表信息，要求学习者根据作文提示来写评论文，限时完成时间为30分钟，字数要求为200～250词，部分样题如下：

Tourism in New Zealand

The graph below shows the number of tourists arriving in New Zealand from 1983 to 2007.

Write an academic essay in which you will:

·Describe the information given in the graph.

THEN

·Suggest reasons for the trends.

AND

Either

·Discuss the impact of tourism on the economy and the environment in New Zealand.

Or

·Discuss the impact of tourism on the economy and environment in your own country.

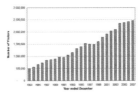

（摘选自 https://cdn.auckland.ac.nz/assets/delna/delna/delna-handbook.pdf）

短文写作测试的评分标准主要涉及流畅度、内容、语法与词汇这三个评分分项。流畅度分项要求作文结构清晰、逻辑严密、衔接紧密、通顺流畅，文体正式且符合学术规范。内容分项要求作文切中题意，数据描述准确且重点突出，解释充分。语法与词汇分项要求语法准确，词汇使用多样，句子结构多样且复杂，用词确切得体，会适当考虑拼写错误。从各分项评分标准来看，该写作任务侧重评估学习者对某问题或现象的分析与阐述能力，尤其是对图表信息的领会挖掘能力以及解释阐述能力。其评分采用分项式评分法，依据三阶六级能力量表（即初学阶段 Band 4 和 Band 5、独立阶段 Band 6 和 Band 7、精通阶段 Band 8 和 Band 9）来给各个分项评定等级（即从 4 级至 9 级的等级分）（Erlam，van Randow & Read，2013）。评分工作由两名训练有素且经验丰富的评分员来独立评分，如果分数有差异，则由第三位评分员来仲裁评分。该部分的反馈报告将在整个诊断阶段测试结束后 10 天内，以邮件形式发送给学习者。

长文写作测试分为两个写作任务，一个是概要写作任务，另一个是议论文写作任务。第一个概要写作的题型是为学习者提供两篇观点相左的短文作为阅读材料，要求学习者在规定时间内用自己的语言来准确概述文中要点，作文字数要求 150 字左右。第二个议论文写作的题型是基于第一项概要写作任务中的两篇阅读材料，给定与两篇阅读材料相关的话题，要求学习者在规定时间内就该话题进行议论文写作，字数要求为 250 ~ 300 词。部分样题如下：

Task 1: Summary (about 150 words)

Read through the two texts on the topic of international students in New Zealand and, in your own words, summarise the key arguments in the texts in one paragraph of approximately 150 words.

NB: You should spend 20–25 minutes on this task.

Task 2: Essay (250–300 words)

Write an academic essay in about 250–300 words in response to the following statement:

"The practice of encouraging international students to study in New Zealand is beneficial to this country."

You may choose to either agree or disagree with the statement. In your essay, you may refer to ideas in the source texts to support your arguments, but you must also include your own ideas, examples and other evidence. You should establish a clear point of view, and support it with a logical development and an appropriate conclusion.

NB: You should spend 40–45 minutes on this task.

（摘选自 https://cdn.auckland.ac.nz/assets/delna/delna/delna-handbook.pdf ）

长文写作测试的任务特点是读写结合的综合写作形式，通过给予阅读材料，考查学习者对所读内容的理解与阐释，更符合现实学习和生活中的读、写相结合的写作任务，有助于提高测试的真实性。并且该测试的目标人群是入学的博士研究生，其培养计划更关注文献阅读能力、信息综合处理能力、分析判断能力、逻辑思辨能力、评价论述能力等，因此长文写作测试通过概要写作和议论文写作形式更能有效测量学习者的综合学术写作能力。其评分标准主要涉及结构、学术风格、论证质量、句子结构、语法、词汇等这六个评分分项。结构分项要求作文结构清晰，段落组织有序。学术风格分项要求作文文体正式且符合学术规范。论证质量分项要求作文的观点明确，论据充实，论证严密且通顺流畅。句子结构分项要求作文句式使用恰当且灵活多样。语法分项要求语法准确，会适当考虑拼写错误。词汇分项则要求作文用词确切得体。从各分项的评分标准来看，该写作任务更侧重评估学习者对阅读材料的有效处理和对观点的严密论证。其评分采用分项式评分法，依据三阶六级能力量表（即如表 3.14 所示）来给各个分项评定等级（即从 4 级至 9 级的等级分）（Erlam，van Randow & Read，2013）。评分工作由两名训练有素且经验丰富的评分员来独立评分，如果分数有差异，则由第三位评分员来仲裁评分。该部分的反馈报告将在整个诊断阶段测试结束后 10 天内，以邮件形式发送给学习者。

如前所述，该测试系统的诊断反馈以三阶六级的语言能力量表的形式来描述学习者的能力水平，即以初学阶段 Band 4 和 Band 5、独立阶段 Band 6 和 Band 7、精通阶段 Band 8 和 Band 9 这六个能力等级来描述。表 3.14 具体描述了该测试的写作能力等级。如果学习者处于精通阶段，可自行自主学习；如果学习者处于独立阶段，可自主学习，也可寻求指导来提高；如果学习者处于初学阶段，将建议其加强学习，并且寻求帮助，授课教师和项目组的语言专家也将联系学习者进行当面沟通交流，给予相应的学习方法和策略的指导，以提高其学术语言能力（Davies & Elder，2005）。

表 3.14　奥克兰大学学术英语诊断评估系统的写作能力等级

阶段	等级	建议	典型写作能力描述
精通阶段	B9	无须支持；不太可能有学术英语学习困难	该级别的学习者能够写出内容清晰、论证严密的文本，并且恰当使用多种词汇和句式结构，无明显的拼写错误
	B8		
独立阶段	B7	英语能力为满意，无须帮助；学习者可侧重练习某项技能	该级别的学习者能够写出流畅且大体连贯的文本，偶尔会让读者有些许费劲，用词较确切得体，句式使用较恰当，错误很少且不明显
	B6	英语能力为有些满意；建议学习者在某项或多项技能上寻求支持	该级别的学习者能够写出大体令人满意的文本，但可能会误用或不用衔接手段，有语法错误，用词有限，并导致内容表达不畅，有时还会出现不相关内容
初学阶段	B5	英语能力有限，学术学习面临风险；需要密集的英语学习支持	该级别的学习者能在写作中表达基本想法，但词汇和句式使用有限，衔接手段运用不足或不恰当，会犯基础语法错误、拼写错误和构词错误，给读者造成困惑
	B4	英语能力不足，可能面临严重的学业失败风险；需要密集的英语学习支持	该级别的学习者所写文本不连贯且难以读懂，写对句子很少，词汇量有限并使内容表达受阻，拼写错误常见

（摘选自 https://cdn.auckland.ac.nz/assets/delna/delna/delna-handbook.pdf）

　　综上所述，奥克兰大学学术英语诊断评估系统的写作测试侧重评估入学新生的学术英语写作能力。该测试将入学新生分成非博士研究生新生和博士研究生新生两个群体，并施行不同的写作诊断测试，分别为短文写作和长文写作测试，以顺应不同教育需求和培养目标。短文写作测试以图表写作形式来考查学习者对图表信息的描述与阐释能力，长文写作测试以读写结合的综合写作形式来考查学习者对阅读材料的有效处理和对个人观点的严密论证。基于阅读材料（或图表或篇章片段）来评估学习者的写作能力有助于提高测试的真实性，符合真实生活中的读、写相结合的写作任务；也有利于提高测试公平性，即阅读材料提供写作要求和背景信息，弱化先验知识影响，为学习者提供均等的参考。但是，该写作测试也有不足之处。该写作测试由于是人工评阅，评分结果较易受到评分员决策的影响，且其评分信度一直是研究者关注的重点（Knoch，2007；Erlam，van Randow & Read，2013）；并且人工评阅较费时费力，其反馈报告难以即时，时效性上略有不足。在写作测试评分方面，采用分项式评分法，依据六个能力等级（4级至9级）来评定各个分项得分。但由于该写作测试有部分是综合写作形式（即给予阅读材料），其分项评分量表上并未涉及对阅读文本的摘抄处理，而学习者摘抄阅读文本是综合写作任务中难以规避的问题（Cumming，2013）。学习者摘抄阅读文本并将其融入各自所写作文中，如何区分考生语言产出与阅读文本语言？评分量表应如何设定？评分员应如何评分？这些综合写作的效度问题还有待未来研究去解决。

（五）语言诊断测试对语法的考查

　　在语言理论研究中，语法是组织和表意的一种基础规则，与词汇共同构成基础层面的语言知识。语法知识在记忆表征中分为陈述性知识和程序化知识，语法学习的目标是形成自动化的语法能力，即准确使用语法结构来合乎情境地表达意义的能力（Larsen-Freeman，1991）。在对语法知识解构的研究中，Rea-Dickins（1991）将语法知识定义为句法、语义与语用的单一体现；Larsen-Freeman（1991）将语法知识分为语形（准确性）、语义（意义性）和语用（得体性）这三个维度；Purpura（2004a）将语法知识作为语法形式和语法意义的两大高度相关成分的呈现等。这些研究均从理论视角强调了语法结构的准确性和意义表达的确切性是语法知识的主要维度，这也为语法测试研究奠定了基础。同时受母语语法特征影响，外语语法知识的测量需基于学习者母语与外语语法结构的差异对比（Hughes，1989），这也增加了语法知识的检测难度。语法诊断测试应为分离式的（Hughes，2003），已有基于欧框的欧洲在线语言诊断系统和香港英语诊断跟踪系统作了有益尝试，表 3.15 列出了这两大测试系统对语法的考查情况。

表 3.15　语言诊断测试对语法的考查

语言诊断测试系统	语法测试题型	每套题量	测试时间	作用
基于欧框的欧洲在线语言诊断系统	选择题、填空题	30 题	不限时	诊断
香港英语诊断跟踪系统	选择题	20 ~ 30 题	限时	诊断

总体而言，在任务设计方面，语言诊断测试主要采用客观测试题（选择题、填空题）的形式来考查学习者的语法能力，提高测试信度和测试效率。在题量与测试时间方面，语法诊断测试的题量均在 30 题或以内，完成时间较为可控。在作用方面，语法诊断测试主要用于诊断学习者的语法问题。

具体而言，语法诊断测试系统在测试任务设计和诊断结果反馈上又有不同。如下将详细分析这两大词汇诊断测试的设计实践，包括任务设计、所测题型、反馈呈现等，并探讨其中的优势与不足，以期为未来测试设计实践提供参考。

在基于欧框的欧洲在线语言诊断系统中，语法诊断测试侧重考查传统语法中的形态和句法（Alderson，2005），具体分为八个层面：名词、形容词与副词、代词、动词、数词、词项搭配、词性、所有格标点。登录该诊断系统官网，如前所述，该诊断测试系统支持多种欧洲语言，需选择测试语言和待测语言技能，而分级测试是首先建议参与的测试，便于后续测试试题具有适宜性和针对性。因此在进入并完成分级测试后，再进入语法诊断测试。因欧洲语言共同参考框架未对语法及词汇能力的自我评估作描述，因而该系统也未将相关自我评估纳入考量（Huhta et al.，2002）。在进入语法诊断测试后，所测题型为选择题和填空题；任务设计则依据上述八个层面的语法子技能来设置考题，每道考题以考查一项语法子技能为主，部分试题如下：

1.Choose the best word for the gap (_____) in the following sentence:

He left his _____ in my flat while he went on holiday.

A. belongings　　B. belonging　　C. belongs

2.Choose the best word for the gap (_____) in the following sentence:

I was counting _____ my father to help pay for my studies.

A. with　　B. for　　C. on

3.Make a sentence with the words that are listed below and write it in the box. Use all the words. Check your spelling!

_____ I get up on weekends always late

4.What is the best group of words for the gap in the sentence? Write them in the box.

He _____ there by now. He left two hours ago and it's only a 20 minute walk.

（摘选自 https://dialangweb.lancaster.ac.uk/setals）

在语法诊断测试结束后，系统提供即时的反馈报告，包括学习者的能力级别、试题作答情况和分级测试结果。具体而言，学习者的能力等级参照欧洲语言共同参考框架中三等六级语言能力量表来描述学习者的语法能力级别，由低及高依次为 A1、A2、B1、B2、C1 和 C2。试题作答情况呈现学习者在名词、形容词与副词、代词、动词、数词、词项搭配、词性、所有格标点等子技能上的试题答对与答错情况，还可回顾试题查看正确答案。分级测试结果为基于词汇量的初级能力分级测试。此处该测试与其词汇测试一样，未提供学习建议，其原因或是语法和词汇能力作为基础层面的语言能力，也体现在相应的写作、阅读能力的测量上，如写作诊断测试中的语言准确性即与语法和词汇紧密相关（Alderson，2005）。

综上所述，基于欧框的欧洲在线语言诊断系统对语法诊断测试的设计基于分离式的传统形态和句法规则，具体考查了名词、形容词与副词、代词、动词、数词、词项搭配、词性、所有格标点等语法子技能。其优势在于：语法能力作为较微观的基础语言能力，与较宏观的阅读、写作等能力紧密相关，对语法能力进行诊断，有助于增强其他较宏观技能的诊断（Alderson，2005）。然而，该测试也有不足。该测试系统依据欧洲语言共同参考框架来界定所测能力构念，但该欧框对语法能力描述不足，这也影响了该测试系统对语法能力的解释，未能以欧框为量表来描述相应等级的能力（Alderson，2005）。

在香港英语诊断跟踪系统中，语法测试旨在评估学习者辨别和纠正语法错误的能力，侧重从学习者撰写连贯文章的视角来考查，而不是以离散的语法点来考查。所考查的语法范围包括形态和句法成分，也包括话语成分（即语篇层面的语法成分），如衔接手段的运用等。语法能力具体分为：形容词、副词、衔接手段、限定词、动名词、不定式、宾语代词、分词、动词词组、介词、反身代词、关系代词、单复数短语、主谓一致等子技能。任务设计则采用一篇学生习作作为考题，学习者需辨别与纠正相应的语法错误。需指出的是，该篇章出自香港高校大学生的真实写作文本，文体类型多样，有描述文、叙事文、说明文、议论文等（Urmston，Raquel & Tsang，2013）。题型为选择题（题量一般在 20 至 30 题不等），将篇章中可能的语法问题作下划线处理，需要学习者来改错，即从四个选项中选出最适当的选项（最后一个选项通常设为"不需要改动"），部分样题如下：

Chinese media promotes male stereotypes

1.From everlasting, China is a sexist male society. Almost power of decision belong to male.

2.Every dynasties emperors are all the male. Chinese males stereotypes usually is brave, decent, muscular, sensible and androcentrism. Nowadays, …

1.The correct version is:

A. was　　　B. is being　　　C. has been　　　D. No change

2.The correct version is

A. dynastys　　　B. dynasty's　　　C. dynasties'　　　D. No change

（摘选自 https://delta.elc.polyu.edu.hk/delta_web/students/aboutTests.html）

在学习者作答后，该诊断系统运用多层面 Rasch 模型分析，将学习者的语法子技能、试题难度统一到同一个量尺上，推算学习者语法子技能与试题难度的关系。在反馈呈现上，从语法子技能来呈现学习者在语法能力上的表现；同时，依据试题答对与答错情况，反馈报告还突出标记了答错的语法子技能，并显示相关示例，便于学习者知晓需要加强的弱项方面。如图 3.5 所示，左侧为语法试题的难度量尺，由下至上呈由易至难的等距量尺；右侧为学习者在语法诊断测试上的作答反应和答错部分的示例，以突出学习者语法能力上的弱项。此外，针对学习者的语法问题，该反馈还提供相关学习资源，如香港理工大学英语语言中心提供的语法学习指导（https://elc.polyu.edu.hk/cill/grammar/）。

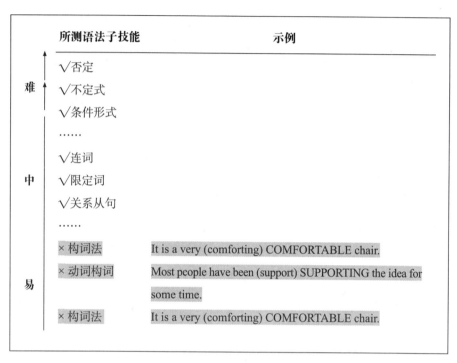

图 3.5　香港英语诊断跟踪系统中语法测试的反馈报告

（摘选自 https://delta.elc.polyu.edu.hk/delta_web/about/aboutTheSystem.html）

综上所述，香港英语诊断跟踪系统的语法测试从语篇维度来考查学习者辨别和纠正语法错误的能力，涉及形容词、副词、衔接手段、限定词、动名词、不定式、宾语代词、分词、动词词组、介词、反身代词、关系代词、单复数短语、主谓一致等子技能。相比基于欧框的欧洲在线语言诊断系统对形态和句法层面的考查，该语法测试还涵盖了语篇层面的语法能力（如衔接手段等），测量范围更广，能更全面地解释学习者的语法能力。该测试采用香港高校大学生所写的真实英语习作为测试文本，便于将学习者易犯的错误作为题项中的干扰项（Henning，1987；Downing，2006），提高测试的效度，也使其更具真实性。但也有不足，真实习作中学习者可能还会犯其他的语言错误或语言运用不得体等问题，继而可能影响到学习者对语言问题的判断，这也会影响到测试效度，这还有待未来深入的研究。

四、语言诊断测试的应用与挑战

　　语言诊断测试的开发设计首先需要建立在完备的语言能力理论基础之上，而二语和外语习得理论研究却仍处于初级阶段，未能有效促进语言能力理论的发展，因而也在一定程度上不利于语言诊断测试的发展（Alderson，2005）。但随着语言能力框架的不断研制，如欧洲语言共同参考框架（CEFR）、美国外语教学委员会语言能力等级标准（ACTFL）、加拿大语言基准（CLB）、中国英语能力等级量表（CSE）等，语言诊断测试的设计有了语言能力发展相关的参考框架。这些语言能力框架均从综合视角描述了不同能力等级的学习者所具备的语言能力，相关的知识、技能与策略，使用的情境与领域等，并从离散视角解构了语言能力在听、说、读、写等技能上所具备的典型能力，以"能做"语式来详细描述相应能力。这为语言诊断测试的设计奠定了理论基础，通过这些语言能力框架，测试设计人员可厘清学习者在不同阶段的语言能力情况，并明确如何开展诊断测试，即诊断什么、如何诊断。在语言能力框架的指引下，诊断测试不断被研制并投入应用的过程中，虽然所测分项语言技能的评估已涉及词汇、语法、阅读、听力和写作等，但仍面临潜在挑战，因此本节将依据诊断测试实践来探讨其应用发展与可能挑战。

　　在词汇诊断测试方面，词汇是语言知识的基础构成要素和语言学习中的基础单位（Richards，1976；Read，2000；Nation，2001；Schmitt，Schmitt & Clapham，2001），词汇测试能揭示学习者在处理目标语阅读材料和开展目标语交际任务中所面临的词汇不足问题，即词汇测试既可预测也能真实呈现学习者语言能力（Read，2012），因此词汇测试往往会在整个诊断测试体系中扮演着评估基础语言能力的角色，如用于能力分级、问题诊断等。在将词汇测试用于能力分级方面，如基于欧框的欧洲在线语言诊断系统从词汇广度维度来粗略评定学习者的语言能力等级，便于根据学习者能力等级确定下一阶段的试题难度，提高测试效率，但学界也提出了质疑，词汇测试中的题项是否能真正做到能力分级还有待研究（Chapelle，2006）。在将词汇测试用于词汇问题诊断的方面，如香港英语诊断跟踪系统从词汇意义维度来评估学习者的词汇能力，以相关词汇表为蓝本，来诊断学习者在该词汇表下的词汇能力，这使词汇测试的可操作性得到提升，但有以偏概全之嫌，可能存在构念代表性不足的问题。因此，词汇诊断测试对基础语言能力的评估与诊断具有重要意义，但未来研究还需要明确词汇量测试对不同能力水平学习者的诊断价值，以及词汇意义的测试对高水平和低水平学习者的不同诊断价值等（Alderson，2005），并且还要考虑不同语言的词汇测试特点。

在语法诊断测试方面，语法是语言知识的另一基础构成要素，是组织和表意的一种基础规则，前人研究中均强调语法运用中语法结构形式的准确性和语法意义表达的准确性（Urmston，Raquel & Tsang，2013），这为语法诊断测试的设计提供了参考。在语法结构形式中侧重形态与句法规则，涉及各类语言构词形态及语法形态、词组和句子各组成成分之间结构关系等；在语法意义中侧重语义表达，涉及各类词组和句子结构如何组织以表意、结构对词组和句子语义的影响等。例如，基于欧框的欧洲在线语言诊断系统从形态和句法规则维度来评估语法能力，但其语法能力的诊断被作为一种辅助性语言能力，用以佐证其他较宏观语言技能（如阅读、听力）诊断的有效性，并且对相应的语法能力也描述不足（Alderson，2005）。再如香港英语诊断跟踪系统立足于学习者真实写作文本，从语法结构形式和意义的维度来评估学习者的语法能力，虽然测试的真实性较高，但学习者所犯的语法问题在篇章中较为有限，且学习者习作中可能还会涉及其他的语言错用或误用，可能会影响到学习者对语法问题的判断，影响到测试效度。由此可见，要从有限的测试试题中涵盖各类语法规则实属不易（Alderson，2005），相关研究重点需放在如何厘清语法能力与其他语言技能的关系，语法能力与所依据的语言能力量表中各能力等级的关系，以期提高语法能力的测评效度。

在阅读诊断测试方面，阅读是高度复杂的认知活动，阅读能力往往指学习者阅读和理解书面语言材料的能力，涉及众多不同能力要素（Davies，1968；Gough，Juel & Griffith，1992；Alderson，2000）。在设计阅读诊断测试时，需要将阅读能力依据语言理论来进行解构，以呈现学习者在阅读过程中所运用的认知技能（Jang，2009），因而阅读能力常被解构为各较基础等级与较高等级阅读子技能，在阅读过程同时发挥作用（Alderson，1990a，1990b；Harding，Alderson & Brunfaut，2015）。在较基础等级能力层面，如奥克兰大学学术英语诊断评估系统通过考查快速阅读能力来实现能力分级或目标群体筛选。在较高等级能力层面，如基于欧框的欧洲在线语言诊断系统将阅读能力解构为辨别主旨大意、获取具体信息和作出推断的子技能，以此来诊断学习者在这三项子技能上的阅读表现。同时，也有阅读诊断测试涵盖各较基础等级与较高等级阅读子技能，如香港英语诊断跟踪系统中的辨别细节信息的能力、解释词义或短语义的能力、理解主要与支撑性观点的能力、理解并作推断的能力、推断作者逻辑论证的能力、推断作者态度或意图的能力、理解字词间语法关系的能力、辨别文本类型的能力。虽然对阅读能力作了不同等级子技能的区分，但从相关研究来看，所测子技能并未随着语言能力量表的等级变化而有变化，即子技能的等级区分并未体现在语言能力量表上（Alderson，2005），那么学习者阅读子技能的提升将如何体现？阅读能力的提升将如何体现？不同阅读子技能的提升是否会促成阅读能力的提升？如何阶梯性地诊断阅读能力中的问题？这些问题都有待未来研究去解决。

在听力诊断测试方面，听力是包含多种认知过程的多维度技能，涉及感知和识别的前理解阶段、听觉输入的语义和语用处理（Rost，2016），以及情境模型的心理表征等理论模型（Kintsch，1998）。测评情境下的听力能力侧重从"静态"视角来解构，而非动态性地呈现听力理解机制（Aryadoust，2021）。但学界对听力能力所包含的子技能未达成一致意见，如基于欧框的欧洲在线语言诊断系统考查的听力子技能为辨别主旨大意、获取具体信息和作出推断的能力；奥克兰大学学术英语诊断评估系统所考查的听力子技能分为查找和回忆具体或关键信息的能力、重组讲座信息以

完成图表任务的能力、概括要点的能力、区分要点和支撑性细节的能力。学习者在完成听力任务的过程中使用了许多子技能，但很难确定哪个子技能是回答某个特定问题时使用的主要子技能（Brindley，1997）；并且听力诊断测试中的听力子技能需要详细化，囊括较基础等级的听力能力，如区分音素与韵律特征（Hughes，2003）。此外，听力测试过程还受内容、情境、语域、视觉刺激等多种因素影响（Bejar et al.，2000），可能是非听力但构念相关的认知因素（如综合听力任务中的听后理解子任务等），但也可能是非听力且构念无关的过程因素，但均可能影响到听力测试的效度（Aryadoust，2021）。这种影响在听力诊断测试中更为显著，在所测的听力子技能已设定的前提下，学习者受这些非听力因素的影响，对其听力子技能的测定或不准确。正如 Alderson（2005）在设计听力诊断测试时所提及的，听力测试难免要作妥协，涉及所测文本、所测任务、学习者可能经历的听力过程、基于测试表现而作各种推论等。因此，在设计听力诊断测试时，重要的是了解可能存在的局限性，明确所测构念，提高测试效度。

在写作诊断测试方面，写作能力在不同理论视角下涉及不同的知识特点，如写作是有别于口语能力的书写能力（Brown，1994），写作是在特定社会文化背景下的语言活动（Hamp-Lyons & Kroll，1997），写作是综合了任务环境因素和写作个人因素的活动（Hayes，1996）等等。在测评情境下，写作测试分为间接测试和直接测试这两种形式，其中间接测试通常采用客观题形式来考查，直接测试则采用主观题形式来考查。基于欧框的欧洲在线语言诊断系统以间接写作形式来诊断写作能力，即通过使用填空题项、多项选择题项，离散地考查学习者在得体性、准确性和语篇组织上的表现。奥克兰大学学术英语诊断评估系统以短文和长文综合写作形式来诊断写作能力，并采用分项式评分法来诊断学习者的写作表现。事实上，写作测试正从离散性的间接测试转向直接的语言运用测试，原因在于间接的写作测试脱离真实的写作情境，较难真实有效地测量出学习者的写作能力（Weigle，2002）。因而写作测试需要重点考虑两大因素，其一为任务因素，即如何设计任务以便让学习者写出相关文本；其二为评分标准因素，即如何有效、可靠地评分以便保证评分信度。因写作诊断测试重在诊断学习者写作能力上的强项与弱项，分项式评分标准是对写作能力解构的最直观体现，便于体现学习者在各分项写作技能上的表现。但写作评分实质上是一种评分员的主观行为，复杂且容易出错（Cronbach，1990），评分员的评分行为易受多种因素影响，如评分员的评分经验（Weigle，1999；Lim，2011）、学术专长（Vann, Lorenz & Meyer，1990）、语言背景（Johnson & Lim，2009）、评分培训（Knoch，2011；Attali，2016）等。在写作诊断测试的评分中，如何尽可能减少评分误差、提高评分信度，也是未来研究需要解决的问题。

在语言能力的自我评估方面，自我评估是学习者对自己的语言水平作出评估，对提高学习者对自我语言能力的认知有重要作用（Luoma，2004；Alderson，2005），便于学习者调整自我认知，制定合理目标。在语言诊断测试中，基于欧框的欧洲在线语言诊断系统根据欧框中对阅读、听力和写作能力的自我评估量表，设计了相应的自我评估，以"能做"语式呈现，需要学习者就自己的听力能力作出"是 / 否"的判断。然而，出于诊断目的来使用自我评估的测试实践，其价值意义可能并不大，且测试效度也易受质疑。从语言表述来看，该诊断测试中自我评估的语言以积极语态"能做"语式呈现，而非消极语态"不能做"语式呈现，但消极语态的自我评估（如我不能做某事等）可能更具有诊断价值（Bachman & Palmer，1989），因为"不能做"语式能更直接地呈现学习者在某些能力上的不足。从判定标准来看，该自我评估的判定标准为两分法，非"是"即"否"，即"能做到"和"不能做到"，未能采用等距表现法来编制一个能测量程度差异的量表，如李克特量表，其范围从"能做到"到"不能做到"，以便学习者能较准确地评估自己的能力水平。从测评结果来看，自我评估与诊断测试的结果可能存在不匹配情况，即学习者或高估或低估自我能力，缺乏合理的解释将使诊断测试难以取信于民（Chapelle，2006）。造成两者结果不匹配的原因有很多，可能是文化因素，也可能是个人性格、测试焦虑等个人因素，还有可能是语言使用情境相对窄，语言学习时长不足，语言使用频率不高等语言使用因素（Alderson，2005）。由此可见，未来研究还需深入探讨如何在诊断测试中融入自我评价，以期提高学习者对自我能力的认知，提升学习者的自主学习能力。

在语言诊断测试的实施形式方面，目前已有纸笔测试形式、计算机辅助形式、计算机自适应测试形式等，且各个测试形式均有利有弊。传统的纸笔测试是指在纸上呈现标准化的试题，学习者按要求用笔来作答，因实施方便，是一种较经济的测评形式；计算机辅助形式在计算机上呈现标准化的试题，学习者在机考页面中完成作答；而计算机自适应测试形式是基于项目反应理论来通过计算机建立题库，依据学习者不同能力水平来开展相应测试，避免了千人一卷的模式，具有针对性且测试效率高。例如，基于欧框的欧洲在线语言诊断系统采用的是计算机自适应测试与计算机辅助相结合的形式，而奥克兰大学学术英语诊断评估系统的部分测试则采用了传统的纸笔测试形式。前人研究已证明了计算机辅助形式、计算机自适应形式与纸笔测试形式之间具有可比性，即学习者对计算机的熟悉度与其测试表现或测试差异无关（Boo，1997；Sawaki，2001；Clariana & Wallace，2002；何莲珍、闵尚超，2016）。但需要注意的是，在计算机辅助形式或计算机自适应测试中，计算机可监测并记录学习者对诊断试题的应答情况，如停顿部分、作答时间、作答顺序等，这些或同样具有能力诊断意义。以作答时间为例，信息处理速度是语言能力的一项重要组成部分，在阅读测试中不同能力水平的学习者呈现不同速度的阅读速度，在听力测试中对语音信息的处理速度更是听力能力的重要体现。由此可见，利用计算机来实施语言诊断测试，能提供更多纸笔测试中无法测量到的数据，并且也能提高测试效率，但对整个测试设计、题库建设和测试实施的硬件要求更高，是未来诊断测试的发展方向。

在诊断反馈报告的呈现和使用方面，诊断反馈呈现的及时性和精细度一直是学界探讨的重点。在及时性上，诊断反馈是否及时发布会影响到学习者对诊断信息的使用（Sawaki & Koizumi，2017）；在精细度上，如何能恰当有效地呈现反馈报告？过细过窄的子技能诊断可能会导致教学范围缩小（Jang，2005），所诊断的问题过多可能会使学习者泄气（Kim，2010）。因此需要深入研究学习者对诊断反馈的反应，即针对学习者如何理解、解读诊断反馈并如何据此开展后续学习，开展相应研究，能有助于揭示怎样的诊断反馈易于理解且对学习有助益（Alderson，2005）。不同学习者对诊断反馈会有不同反应，如学习者可选择仔细查看并回顾作答情况，也可选择匆匆一瞥，或仅仅看总结部分、测试分数或能力等级；并且不同特质（阅读能力、自评能力和学习目标）的学习者对诊断测试及其反馈的态度也有较大差异，其中学习者的学习目标会影响其后续学习兴趣（Jang，Dunlop，Park & van der Boom，2015）。此外，已有较多研究从实证上分析了学习者对诊断测试及其反馈的反应，发现学习者较多持积极态度，但未深入研究哪些方面的诊断信息会影响其后续使用与学习（Yin，Sims & Cothran，2012；Doe，2015；Sawaki & Koizumi，2017；Fan，Song & Guan，2021）。由此可见，未来研究还需聚焦于诊断反馈报告的呈现以及诊断测试对学习者后续学习的影响程度。并且更需要从测试参与者视角揭示诊断反馈中哪些信息是易于理解且对学习者能力提升有助益，以期提高诊断反馈的接受度和使用率，并最终实现其以诊促学的初衷。

第四章　校本英语诊断测试的
建构与反思

　　在教育教学新形势与信息技术高度发展的背景下，语言学习正朝着科学化、个性化的方向发展，而有效的语言诊断测试有助于支持与促进语言教与学的发展。根据《大学英语教学指南》（2020 版），本书围绕本校教学目标和培养需求，以外语教学与测评理论为指导，尝试构建科学系统的校本英语诊断测试体系，以期发挥语言诊断测试对大学英语教学的导向、诊断、改进等多重功能。本章将聚焦于校本英语诊断测试的构念界定、效度验证框架设定、具体设计与实践，并探讨该校本诊断测试的实践反思，以期改进并深化校本诊断测试体系。

一、校本英语诊断测试的构念

　　针对语言诊断测试的开发与设计，Alderson（2005）提出了提纲挈领的建议，即诊断测试往往依据教学内容或特定语言发展理论来设计，侧重分离且具体的语言技能，而非整体能力。因适用于诊断测试开发的语言能力发展理论仍较少，语言能力发展框架或语言能力量表就显得尤为重要。语言能力发展框架或量表通常从多个等级来描述语言能力，主要描述不同能力水平学习者的典型语言行为，并详略分明地分技能描述各个语言能力，包括听力、阅读、写作、口语、翻译等语言行为，为语言诊断测试的建构提供了能力标准参照。其中教育部考试中心于 2018 年发布的《中国英语能力等级量表》（CSE），结合了我国外语教育的实际情况，描述了我国不同能力水平的英语学习者在听、说、读、写、译等方面的能力，为本校本英语诊断测试的设计提供了能力参考框架。

依据诊断测评理论研究成果和本校教育教学实际情况，本书涉及的校本英语诊断测试将聚焦于学习者的学术语言运用能力，并将所测能力分设为听力、阅读和写作能力。在此基础上，依据本校具体的培养目标和学生英语语言能力情况，并结合《中国英语能力等级量表》，适当调整并细化对本校学生的听力、阅读和写作能力的等级划分与描述，以适用于本校学生群体与培养方案。概而言之，基于本校的培养目标和主要问题，该校本诊断测试旨在精确诊断本校学生在学术英语运用能力中的强项与弱项，并提供详细的诊断信息，以期优化培养方案，提升学习体验。如下将分技能简介该测试在听力、阅读和写作能力的构念界定，以便拟定各诊断参数，构建相应测试模型。

在校本听力诊断测试的构念界定方面，基于前述章节的文献研究和本校实际情况，本听力能力模型也属于测评情境下的听力模型，不仅涉及相关听力理论研究成果，也囊括听力测试相关因素（如学习者相关因素、测试相关因素等），并且更强调听力能力是静态截面下的能力呈现，由各类子技能构成（Aryadoust，2021）。同时，《中国英语能力等级量表》对中国学习者听力能力的描述为：听力理解能力作为一种综合认知能力，由与听力活动相关的识别、提取、概括、分析、批判、评价等认知能力组成，该描述较全面地概括了中国不同能力水平学习者可能具备的听力子技能。从文献研究来看，目前听力能力研究所识别与验证的听力子技能主要包括如下：

1）理解主要信息（Min，Cai & He，2022）；

2）理解细节信息（Sawaki，Kim & Gentile，2009）；

3）理解关键词汇（Wolfgramm，Suter & Göksel，2016）；

4）理解句式结构（Min，Cai & He，2022）；

5）理解字面 / 浅层意义（Aryadoust，2021）；

6）作解述以关联所听内容和所测试题（Wagner，2004）；

7）作推断（Song，2008）；

8）区分主次信息（Yeldham，2016）；

9）理解说话人态度与意图（Vandergrift，2007）；

10）得出结论（Liao，2007）。

因此，从文献研究来看，听力能力可解构为各类基础理解能力和深层理解能力。拟定校本听力测试构念，我们还采用问卷调查法和专家判断法来判定特定校本情境下的所测构念。其一是问卷调查法，旨在调查本校目标学生群体对自我听力能力的评价，从学生视角初步厘清学生群体的听力能力等级与相关子技能。在梳理相关文献的基础上，罗列可能的校本听力诊断测试的听力子技能，并结合《中国英语能力等级量表》中的听力理解能力自我评价量表，制定并修改问卷题项，使之适用于本校特定的研究情境与学生群体。经小范围调查，分析本校学生视角下的听力能力等级和他们所具备及不具备的听力子技能。其二是专家判断法，旨在从专家视角评价本校学生群体的听力能力，以进一步明确学生群体的听力能力等级与需考查的听力子技能。由具有丰富教学经验的教学专家和测试学专家组成专家团队，先独立评估本校学生群体的听力能力，并结合本校教育教学目标，形成专家视角下的学生听力能力等级和需要具备的听力子技能；再开展团队讨论，并结合学生问卷调查结果，确立本校学生群体的听力能力等级和应考查的子技能。

依据上述步骤，最终形成校本听力测试构念，所测子技能具体为：①理解主旨概要的能力；②理解细节信息的能力；③理解话语逻辑的能力；④分析话语目的的能力；⑤推断说话人观点与态度的能力。在任务设计上，采用客观测试题（选择题），依据所测的听力子技题来设置各考题，每道考题以考查某一项听力子技能为主。话语类型主要涵盖高等教育情境下的常见类型，如会话、讨论、说明、新闻报道、讲座/演讲等；任务主题覆盖高等教育教学的相关内容，如日常生活、人文科学、自然科学、媒体通讯等。

在校本阅读诊断测试的构念界定方面，基于前述章节的文献研究和本校实际情况，本阅读能力模型同样属于多层级的阅读能力体系，包含不同的能力要素，有较基础等级（如辨别字词）和较高等级阅读能力（如理解能力）（Harding，Alderson & Brunfaut，2015）。因较高等级阅读能力是建立在较基础等级阅读能力之上，可根据所测学习者语言水平对实际所测的阅读能力要素作调整。同时，《中国英语能力等级量表》对中国学习者阅读能力的描述为：阅读理解能力是语言学习者和使用者作为读者阅读并处理书面材料时，运用各种知识（包括语言知识和非语言知识）和策略，围绕所读材料建构意义的能力，包括识别与提取、概括与分析、批判与评价书面信息的能力。该描述全面呈现了中国不同能力水平学习者可能具备的阅读能力及其子技能。从文献研究来看，目前阅读能力研究所论证的阅读子技能主要包括如下：

1）理解语境中的词义（Jang，2005）；

2）理解主旨大意（Khalifa & Weir，2009）；

3）理解细节信息（Sawaki，Kim & Gentile，2009）；

4）理解组织逻辑（Chapelle，Enright & Jamieson，2008）；

5）理解并关联信息（Alderson，2010）；

6）合成和组织信息（Lee & Sawaki，2009）；

7）作总结/概括（Kim，2015）；

8）理解隐含信息（Li，Hunter & Lei，2016）。

因此，从文献研究来看，阅读能力可解构为基础理解能力和推断及概括能力。在拟定校本阅读测试构念时，同样采用问卷调查法和专家判断法来判定其所测构念。其一是问卷调查法，旨在调查本校目标学生群体对自我阅读能力的评价，从学生视角初步厘清学生群体的阅读能力等级与相关子技能。具体操作为：依据文献，梳理可能的校本阅读诊断测试的子技能，并结合《中国英语能力等级量表》中的阅读理解能力自我评价量表，制定并修改问卷题项，使之适用于本校特定的研究情境与学生群体。经小范围调查，厘清本校学生视角下的阅读能力等级和他们所具备及不具备的阅读子技能。其二是专家判断法，旨在从校内专家视角评价本校学生群体的阅读能力，以进一步明确学生群体的阅读能力等级与需考查的阅读子技能。由同一批专家团队来进行评估：先独立评估本校学生群体的阅读能力，并结合本校教育教学目标，形成专家视角下的学生阅读能力等级和需要具备的阅读子技能；再开展团队讨论，并结合学生问卷调查结果，确立本校学生群体的阅读能力等级和应考查的子技能。

通过上述步骤，最终形成校本阅读测试构念，所测子技能具体为：①理解语境含义的能力；②理解主旨概要的能力；③理解细节信息的能力；④理解不同观点与立场的能力；⑤推断隐含信息的能力。在任务设计上，采用客观测试题（选择题），依据所测的阅读子技题来设置各考题，每道考题以考查某一项阅读子技能为主。文本类型主要涵盖高等教育情境下的常见文本，如书评、影评、学术文章、专题文章、新闻报道、小说等；任务主题涉及高等教育教学的相关内容，如日常生活、人文科学、自然科学、媒体通讯等。

在校本写作诊断测试的构念界定方面，基于前述章节的文献研究和本校实际情况，本写作能力模型同样属于测评情境下的写作模型，即写作表现受学习者能力水平、写作任务、个人特质、评分员、评分标准等各因素的影响（Fulcher，2003），并且评分标准在操作层面上即体现着所测写作能力或技能（McNamara，1996，2002；North，2003）。《中国英语能力等级量表》对中国学习者写作能力的描述为：书面表达能力通过不同的写作功能、目的和情景相互作用反映，主要体现为语言学习者和使用者撰写不同功能文本的能力。该描述强调了学习者的写作能力通过写作功能、目的和情景来体现。从评分标准设计的角度来看，写作能力的各项子技能主要列示如下（Knoch，2011）：

1）准确性（包括词汇、句法、语法上的准确性；词法/形态、功能知识上的准确性；错误类型、错误数量、错误的严重程度）；

2）流利度（包括文本长度、流利度、文本编辑程度）；

3）复杂度（包括词汇、句法、词法/形态、功能知识上的复杂度）；

4）写作技巧（包括拼写、标点、大小写、分段、布局）；

5）衔接手段（指衔接手段的运用）；

6）连贯性（指语篇连贯程度）；

7）读者/作者互动程度（包括功能知识、社会语言知识；风格、立场和态度；观众意识）；

8）内容（包括主题发展、内容关联性、内容支撑度、逻辑性、内容量、任务完成程度、提示材料使用程度）。

　　以上为评分标准设计视角下的写作能力各要素，但在拟定校本写作测试的构念时，还需考虑学生群体的具体能力水平和校本情境，因此，通过采用问卷调查法和专家判断法来判定测试构念。问卷调查法旨在调查本校目标学生群体对自我写作能力的评价，从学生视角初步厘清学生群体的写作能力等级与相关子技能。具体操作为：依据文献，梳理可能的校本写作诊断测试的子技能，并结合《中国英语能力等级量表》中的写作理解能力自我评价量表，制定并修改问卷题项，使之适用于本校特定的研究情境与学生群体。经小范围调查，厘清本校学生视角下的写作能力等级和他们所具备及不具备的写作子技能。此外，专家判断法旨在从专家视角评价本校学生群体的写作能力，以进一步明确学生群体的写作能力等级与需考查的写作子技能。由同一批专家团队来进行评估：先独立评估本校学生群体的写作能力，并结合本校教育教学目标，形成专家视角下的学生写作能力等级和需要具备的写作子技能；再开展团队讨论，并结合学生问卷调查结果，确立本校学生群体的写作能力等级和应考查的子技能。

　　通过上述步骤，最终形成校本写作测试构念，所测子技能具体为：①语法能力（语法准确度）；②词汇能力（词汇丰富度）；③内容阐述能力（内容切题与表述）；④语篇组织能力（逻辑性与连贯性）。在任务设计上，采用主观测试题（综合写作任务形式）来设计写作题，即为学生提供一段

300 词左右的英文阅读材料，要求学生在规定时间内完成相应写作任务，所写文体为议论文、说明文等。任务主题涉及高等教育教学的相关内容，如日常生活、人文科学、自然科学、媒体通讯等。采用分项式评分法来评判学生在各项写作子能力上的得分。

综上所述，通过拟定校本诊断测试在听力、阅读、写作子测试上的所测构念，明确了需要诊断的方面，为诊断模型构建和试题命制奠定了基础。同时，将《中国英语能力等级量表》作为学生语言能力发展的参考框架，用于能力定级和描述学生语言学习目标，充分发挥诊断测试对学校英语教学的导向、诊断、改进、优化等多重功能。

二、校本英语诊断测试的效度验证框架

效度是语言测试及其他教育测量质量评价的根本要求（Bachman，1990）。根据 Messick 的定义，效度是"经验证据及理论基础在多大程度上支持基于测试分数与其他测量方式作出某种推断与决策的充分性和适切性的综合评价"（Messick，1989: 13）。如果一项测试从设计目的开始即无效，那么基于测试分数所作出的任何推断或解释也不可能准确（Alderson，Clapham & Wall, 1995）。为测试提供效度证据，开展效度验证，证明其效度，是任何严肃测试必不可少的条件。在构建和应用校本英语诊断测试时，同样需开展效度验证，以实据来证明其效度。

如第二章所述，基于论证的效度验证模型为测试分数的解释、使用及其意义提供了概念性结构，在测试效度研究中应用较为广泛。在校本英语诊断测试的开发与应用中，其效度研究将同样汲取基于论证的效度验证模型，强调解释性论证过程，收集各主张与推论作为效度证据的基本构件，以澄清测试分数的使用及其意义（Chapelle & Voss, 2014）。需要指出的是，校本诊断测试的效度验证框架还需考虑其特殊属性与应用情境，如侧重能力诊断与使用结果，学校课程体系建设与课程内容等。因此本研究在构建校本诊断测试的效度验证框架时，选择沿用 Chapelle、Cotos 和 Lee（2015）

的诊断测试效度验证框架，同时考虑校本诊断的使用与意义。

依托学校相应的英语课程，该校本诊断测试用于检测和诊断学生在学术英语听力、阅读和写作上的能力，提供相应的强弱项与能力提升建议，促进其课程目标的实现。因此，在设定其效度验证框架时，具体步骤为：根据诊断反馈来提升相关能力，即关注学术听力、阅读和写作能力上的弱项，积极听从授课教师建议，并自主地查漏补缺，提升能力弱项。在此应用情境下，本研究基于 Chapelle、Cotos 和 Lee（2015）的解释性论证框架，构建了该诊断测试的效度验证框架，如图 4.1 所示。

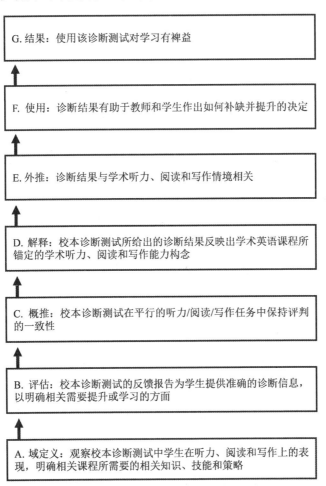

图 4.1 校本英语诊断测试的效度验证框架

该效度论证框架涉及七个推导过程，分别为域定义、评估、概推、解释、外推、使用和结果等过程。第一个推导过程为域定义，即观察校本诊断测试中学生的表现，明确诊断测试所诊断的知识和技能与相关学术英语课程所需要的知识和技能相符。第二个推导过程为评估，经评分推导出相关的诊断信息，并且该过程的推导合理性主要基于两个假设，其一是基于统计标准的分数整合规则具有适当性，其二是评分标准具有适当性。第三个推导过程为概推，通过观察学生表现来概推得出可能观察到的预期表现的主张，即将学生在校本诊断测试的表现概推至学生在未来平行的听力/阅读/写作任务中的预估表现，扩宽了测试分数与所诊断的能力问题的意义。第四个推导过程为解释，将校本诊断测试所给出的诊断结果和相应得分与相关学术英语课程所锚定的能力构念相关联，这需要从构念效度出发收集多方面的证据。第五个推导过程为外推，将诊断结果推延至真实应用情境，得出真实语言使用中学生的表现。第六个推导过程为使用，将诊断结果用于教与学，确保诊断结果有助于教师和学生作出如何补缺并提升的决定。第七个推导过程为结果，该诊断测试对学习有裨益。

此外，每个推导过程均需经过逻辑论证，即通过运用 Toulmin（1958/2003）论证模型，收集对推论和理据的支持性证据，以及可能的反驳性证据，论证每个推导环节，夯实推论，为该诊断测试的使用与结果提供理论依据。如下将简要呈现该诊断测试在每个推论环节的理据假设。

（1）有关域定义的推论：观察校本诊断测试中学生在听力、阅读和写作上的表现，明确相关课程所需要的相关知识、技能和策略。

➤ 相关理据1：该诊断测试的测试任务需要用到相关英语课程所教授的知识与技能。

➤ 相关理据2：该诊断测试的测试任务鼓励学生参与课堂活动（如听力课上的听细节、听主旨等技能；阅读课上读细节、作推断等技能；写作课上如何遣词造句等技能）。

（2）有关评估的推论：校本诊断测试的反馈报告为学生提供准确的诊断信息，以明确相关需要提升或学习的方面。

> 相关理据1：该诊断测试的反馈报告准确反映出学生的能力情况。

> 相关理据2：该诊断测试的反馈报告清晰具体。

（3）有关概推的推论：校本诊断测试在平行的听力／阅读／写作任务中保持评判的一致性。

> 相关理据1：该诊断测试为学生提供了充分的机会，以了解其在其他听力／阅读／写作任务中也会出现的同样情况。

> 相关理据2：所判定的能力强弱项与学生在其他任务中呈现的能力强弱项一致。

（4）有关解释的推论：校本诊断测试所给出的诊断结果反映出学术英语课程所锚定的学术听力、阅读和写作能力构念。

> 相关理据1：该诊断测试的反馈结果体现了学术英语听力、阅读和写作能力中的一些重要方面。

> 相关理据2：该诊断测试的反馈结果与学生提高学术英语听力、阅读和写作能力有关。

（5）有关外推的推论：诊断结果与学术听力、阅读和写作情境相关。

> 相关理据1：该诊断测试的结果与教师对学生在听力、阅读和写作能力上的反馈有关。

> 相关理据2：该诊断测试的测试任务与学校相关英语课程的听力／阅读／写作任务对应紧密。

> 相关理据3：该诊断测试用于评估相关英语课程中听力／阅读／写作能力的标准，与其他主流高校英语课程中教师对听力／阅读／写作的评估标准相关。

（6）有关使用的推论：诊断结果有助于教师和学生作出如何补缺与提高的决定。

> 相关理据1：学生可以清楚地解释诊断反馈中的含义。

> 相关理据2：学生愿意在相关课程学习中使用该诊断测试系统。

> 相关理据3：学生使用诊断结果来决定如何在听力／阅读／写作上补缺。

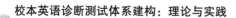

➢ 相关理据4：教师可以清楚地解释诊断反馈中的含义。

➢ 相关理据5：教师愿意在相关课程教授中使用该诊断测试系统。

➢ 相关理据6：教师使用诊断结果来决定如何在听力/阅读/写作上提高相应能力。

➢ 相关理据7：该诊断测试系统除提供反馈报告外，还提供其他帮助（如学习资源推荐）来帮助教师与学生开展相应能力提升活动。

（7）有关结果的推论：使用该诊断测试对学习有裨益。

➢ 相关理据1：学生对该诊断测试持有积极看法。

➢ 相关理据2：教师对该诊断测试持有积极看法。

➢ 相关理据3：该诊断测试的使用为学生提供了另外的学习机会，以补充教师授课中的反馈。

➢ 相关理据4：该诊断测试的使用为教师提供了另外的教学补充机会。

➢ 相关理据5：该诊断测试允许学生隔段时间来进行测试，以提供学习机会。

➢ 相关理据6：学生了解他们在听力/阅读/写作上的能力强弱项，也了解对所学知识和技能的掌握程度。

➢ 相关理据7：教师了解学生在听力/阅读/写作上的能力强弱项，也了解对所学知识和技能的掌握程度。

➢ 相关理据8：该诊断测试的使用，有助于提升学生的听力/阅读/写作能力。

➢ 相关理据9：该诊断测试的使用，有助于培养学生的自主学习能力。

因此，通过设定校本诊断测试的效度论证框架，并明确上述七个推论的理据假设，收集证据来支持或反驳相关假设，对理据假设和推论的层层评估论证，最终为该测试分数提供效度证据。

三、校本英语诊断测试的设计实践

如前所述，根据学界的理论与实践研究成果，以及学校的教育教学改革新探索，本研究构建面向本校学生群体的校本英语诊断测试体系，即通过对学生群体进行能力分级，并对目标学生群体进行能力诊断，即诊断学生英语语言能力（听力、阅读和写作）中的强项与弱项，为后续学习提供详细的诊断反馈与指导，充分发挥评价与测试对学校英语教学的导向、诊断、改进、优化等多重功能。本节将简介校本英语诊断测试的具体设计实践，包括其测试流程、所测任务示例等，以期为校本英语诊断测试的开发与应用提供参考。

（一）校本英语诊断测试流程

在校本英语诊断测试的流程设计上，该测试共分为两个阶段，分级阶段和诊断阶段；分级阶段为分级测试，诊断阶段为诊断测试，以此来提高测试效率，实践"基础—提高—发展"三段式培养路径，引导因材施教的大学英语课程体系建设。具体如图 4.2 所示。

（1）分级阶段：分级测试。

分级测试通过限时英语词汇测试和限时阅读测试的任务形式，分别考查学生的词汇水平和阅读能力，旨在对学生群体进行精确的能力分级，筛选出不同能力层级的学生群体。其中达标学生无须再测，按能力分级，直接分流至个性化的培优课程体系；并特别筛选出未达标学生，需要进入诊断阶段测试，以精细诊断学生的能力问题。该阶段以学生在这两项测试上的得分作为分级（不显示原始得分）：优秀 A、满意 B、需要诊断 C 和 D。如果学生在这两项测试上得分达标（为优秀 A、满意 B），即被视为具备大学英语培优课程学习所需的英语语言能力，可按能力分级分流至不同的培优课程体系；如果学生在这两项测试上得分未达标（需要诊断 C 和 D），即被视为尚未具备完成大学英语课程学习所需的语言能力，建议学生进入下一阶段测试，即入学后的诊断测试。

（2）诊断阶段：诊断测试。

诊断测试通过分技能地开展听力、阅读、写作诊断测试，分别诊断学

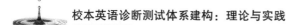

生在听力、阅读、写作能力中的强项与弱项，并提供详细的反馈信息。其中达标学生即给予诊断反馈，并按能力弱项进入提高课程体系；而未达标学生则是在给予诊断反馈后，按能力弱项进入基础课程体系和强化辅导项目，因此诊断测试用以反哺课程体系建设，优化教学内容，促进学生英语能力的个性化发展。该阶段的诊断反馈主要包括语言能力等级和详细的诊断信息。其中语言能力等级是由学生测试总分与《中国英语能力等级量表》对标后的能力等级，由六个级别构成，即基础阶段 Band 4 和 Band 5、提高阶段 Band 6 和 Band 7、熟练阶段 Band 8 和 Band 9。如果学生处于熟练阶段，那么将按学生能力弱项分流至提高课程体系，学生也可根据诊断反馈中的建议，开展自主学习。如果学生处于提高阶段，Band 7 为临界能力级别，须由项目组语言专家判定是否分流至提高课程体系，抑或判定为未达标，进入后续强化学习阶段。如果学生处于基础阶段，学生须加强学习，按能力弱项进入基础课程体系，同时也建议学生参与学习辅导项目，学校的大学英语辅导中心提供针对性的线上线下辅导项目和一对一沟通交流项目，给予相应的学习方法和策略的指导，以提高学生的学术语言能力。

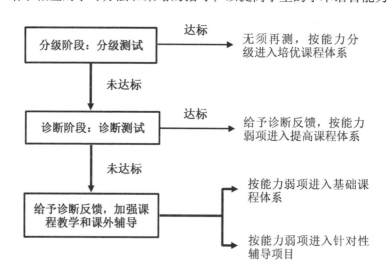

图 4.2　校本英语诊断测试流程

（二）校本英语诊断测试任务

基于不同测试阶段的测试目标，分级测试和诊断测试在所测任务上有较大区别，分级测试侧重能力分级，重在分流出较高水平与未达标的学生群体；诊断测试侧重问题诊断，重在精细诊断学生在听力、阅读和写作上的能力情况，按不同能力弱项进入不同课程体系，实施因材施教式的课程教学和课外辅导。这两个阶段的测试任务在任务内容、任务形式、施测形式、反馈呈现均有不同，如下将作简要介绍，并附上部分样题，以期为校本英语诊断测试的任务设计提供参考。

（1）分级阶段：分级测试。

分级测试的任务设计注重能力分级，因此其任务内容以限时英语词汇测试和限时阅读测试为主。英语词汇测试的词汇出自"大学英语四、六级考试大纲"、"新通用英语词表"（Brezina & Gablasova，2015）和"学术词汇表"（Coxhead，2000），旨在对学生按词汇水平进行能力分级。限时阅读测试以语句排序和漏句选择的题型来考查学生在限时条件下迅速获取信息和厘清语篇逻辑的能力，以此来对学生的阅读能力进行分级。

依据测试流程，学生先进入限时英语词汇测试，其任务形式为同义词选择题，共设30道词义匹配题，限时8分钟。其中每3道题为一个单位，同设6个相应的词义选项，学生需从这相同的6个选项中选出与3道题中词义最匹配的3个选项。部分样题如下：

	A	B	C	D	E	F
1.advice	vision	integrity	guideline	scenario	norm	controversy
2.a required standard	vision	integrity	guideline	scenario	norm	controversy
3.an idea in imagination	vision	integrity	guideline	scenario	norm	controversy

随后进入限时阅读测试，其任务形式为语句排序题和漏句选择题，限时20分钟。其中语句排序题以某个段落为一个单位，共设2个段落，每

个段落涉及 6 个句子的排序任务，共计 12 题。以如下样题为例，每个段落有 7 个句子组成，任务要求为给定首句，学生需要对其后 6 个句子进行排序。

Directions: Read the following sentences carefully, and put them into the correct order to make a logical paragraph.

A. At one time it was the most important city in the region—a bustling commercial center known for its massive monuments, its crowded streets and commercial districts, and its cultural and religious institutions.

B. But they have found signs that suggest that the Teotihuacanos themselves burned their temples and some of their other buildings.

C. Researchers have found no signs of epidemic disease or destructive invasions.

D. Then, suddenly it was abandoned.

E. This is the history of a pre-Columbian city called Teotihuacan, once a metropolis of as many as 200,000 inhabitants.

F. Why did this city die?

G. Within a generation most if its population departed and the once magnificent city became a ghost town.

The correct order: A, _____, _____, _____, _____, _____, _____.

另一项阅读测试为漏句选择题，每个句群为一个单位，共设 20 个句群，共计 20 题；每个句群中有 1 句缺漏，并设有 4 个漏句选项，学生需从中选取最符合上下文的 1 个选项。具体样题如下：

Directions: Choose the correct sentence to fill the gap in the text.

1. Scientists have long believed that theropods generally followed a set pattern for growth. It was thought that dinosaurs that grew the fastest also got bigger than other theropods. _____ But the new study—which recently appeared in the publication *Science* — raises questions about that theory.

A. There is a reason for the concern.

B. Usually huge theropods grew quickly and stopped growing.

C. Some small theropods grew quickly and others grew slowly.

D. And the ones that grew slower were believed to grow up to be smaller.

2. I must not fear. Fear is the mind-killer. Fear is the little-death that brings total obliteration. I will face my fear. _____ And when it has gone past I will turn the inner eye to see its path. Where the fear has gone there will be nothing. Only I will remain.

A. I still have some fear.

B. Trust is greater than fear.

C. Without fear, I die but once.

D. I will permit it to pass over me and through me.

上述词汇测试和阅读测试通过线上限时测试形式实施。因所测题型为客观题，即选择题、排序题，可由机器阅卷，其评分信度较高。在完成测试后，当即给予诊断反馈。如上节所述，该阶段的诊断反馈以能力等级为主，即优秀 A、满意 B、需要诊断 C 和 D。其中优秀 A、满意 B 表示学生在分级测试上得分达标，可按能力分级分流至不同的培优课程体系；需要诊断 C 和 D 表示学生在分级测试上得分不达标，建议学生进入下一阶段的诊断测试。

（2）诊断阶段：诊断测试。

诊断测试的任务设计注重问题诊断，针对经分级筛选后的目标学生群体，从分离式技能视角来诊断听力、阅读和写作能力中的强项与弱项。学生需完成这三项技能测试后，方可获得相应的诊断反馈。

依据测试流程，学生首先需要进入听力诊断测试。该测试用于评估学

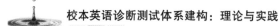

生听懂高等教育情境下的英语口语的能力，所考查的听力子技能为：①理解主旨概要的能力；②理解细节信息的能力；③理解话语逻辑的能力；④分析话语目的的能力；⑤推断说话人观点与态度的能力。在任务设计上，采用客观测试题（选择题），依据所测的听力子能力来设计各考题。任务形式设有长对话、短文和讲座三种话语形式，共设 20 道单项选择题，每道考题以考查某一项听力子技能为主。在听力过程中，每段录音只播放一次，限时 20 分钟。听力任务的话语类型和任务主题涵盖高等教育情境下的常见类型与内容。部分样题如下：

In my presentation, I'm going to talk about coffee.

We think it was first drunk in the Arab world, but there's hardly any documentary evidence of it before the 1500s, although of course that doesn't mean that people didn't know about it before then. However, there is evidence that coffee was originally gathered from bushes growing wild in Ethiopia, in the northeast of Africa.

In the early sixteenth century, it was being bought by traders, and gradually its use as a drink spread throughout the Middle East. It's also known that in 1522, in the Turkish city of Constantinople, which was the centre of the Ottoman Empire, the court physician approved its use as a medicine. By the mid-1500s, coffee bushes were being cultivated in the Yemen and for the next hundred years this region produced most of the coffee drunk in Africa and the Arab world. …

1. What does the speaker mainly tell us in the presentation?

   A. The history of coffee and its social importance.

   B. The origin of coffee and its economic importance.

   C. The trade of coffee and its commercial importance.

   D. The production of coffee and its medical importance.

2. What does the speaker tell us about coffee?

   A. People didn't know coffee until 1500s.

   B. Coffee began to be used as medicine in Yemen in 1522.

   C. It was proved that coffee bushes were first found in Africa.

   D. It was documented that the first drinkers of coffee were Arabians.

随后进入阅读诊断测试，用以评估学生读懂高等教育情境下的英语书

面文本的能力，所考查的阅读子技能为：①理解语境含义的能力；②理解主旨概要的能力；③理解细节信息的能力；④理解不同观点与立场的能力；⑤推断隐含信息的能力。在任务设计上，采用篇章阅读和客观测试题（选择题），依据所测的阅读子能力来设计各考题，共设 20 道单项选择题，每道考题以考查某一项阅读子技能为主，限时 30 分钟完成。文本类型和任务主题涉及高等教育教学的常见类型与内容。部分样题如下：

… Has the quality of our lives at work, at home and in our communities increased in direct proportion to all the new Internet and business-to-business Internet services being introduced into our lives? I have asked this question of hundreds of CEOs and corporate executives in Europe and the United States. Surprisingly, virtually everyone has said, "No, quite contrary." The very people responsible for ushering in what some have called a "technological renaissance" say they are working longer hours, feel more stressed, are more impatient, and are even less civil in their dealings with colleagues and friends — not to mention strangers. And what's more revealing, they place much of the blame on the very same technologies they are so aggressively championing.

The techno experts promised us that access would make life more convenient and give us more time. Instead, the very technological wonders that were supposed to liberate us have begun to enslave us in a web of connections from which there seems to be no easy escape.

If an earlier generation was preoccupied with the quest to enclose a vast geographic frontier, the .com generation, it seems, is more caught up in the colonization of time. Every spare moment of our time is being filled with some form of commercial connection, making time itself the scarcest of all resources. Our e-mail, voice mail and cell phones, our 24-hour Interact news and entertainment all seize for our attention. …

1. According to the passage, many corporate executives think that _____.

    A. technology makes their life more efficient

    B. technology should be aggressively championed

    C. technology results in a decline in their life quality

    D. technology renaissance should be pushed forward

2. What CANNOT be inferred from the passage?

    A. Technology was supposed to free people.

    B. The .com generation becomes slaves of technology.

    C. New technologies occupy much of our time.

    D. It is difficult to avoid the influence of technology wonders.

最后进入写作诊断测试，这是诊断阶段的最后一项测试，用以评估学生在高等教育情境下的英语书面语写作能力。依据评分标准，所测写作子技能为：①语法能力（语法准确度）；②词汇能力（词汇丰富度）；③内容阐述能力（内容切题与表述）；④语篇组织能力（逻辑性与连贯性）。在任务设计上，以综合写作的形式来考查，即提供1篇阅读材料以供写作参考，需要学生基于对阅读材料的理解来阐述或评论相关问题，限时完成时间为30分钟，字数要求为200词左右。部分样题如下：

Directions: For this part, you are required to write an argumentative essay in response to the story entitled *The Art of Burglary* below. You should **(1)** tell what perspective of learning is revealed in the story, **(2)** state clearly your attitude towards that perspective of learning, and explain your reasons for the position you take. You should write about 200 words.

The Art of Burglary

The son of a burglar saw his father growing older and decided to learn the trade. He told his decision to his father, who consented. So, one night the father took the son to a big house, and, opening one of the large chests, told the son to go in and pick out the clothing. As soon as the son got into it, the father dropped the lid and securely applied the lock. The father now came out to the courtyard and loudly knocked at the door, waking up the whole family; then he quietly slipped away by the hole in the fence. The residents got excited and lighted candles, but they found that the burglar had already gone.

The son, who remained all the time securely confined in the chest, thought of his cruel father. He was greatly shocked, then a fine idea flashed upon him. He made a noise like the gnawing of a rat. The family told the maid to take a candle and examine the chest. When the lid was unlocked, out came the prisoner, who blew out the light, pushed away the maid, and fled. The people ran after him. Noticing a well by the road, he picked up a large stone and threw it into the water. The pursuers all gathered around the well trying to find the burglar drowning himself in the dark hole.

In the meantime, he went safely back to his father's house. He blamed his father deeply for his narrow escape. Said the father, "Be not offended, my son. Just tell me how you got out of it." When the son told him all about his adventures, the father remarked, "There you are, you have learned the art."

上述听力、阅读和写作诊断测试通过线下纸笔测试形式实施。在学生完成在三项测试后进入统一阅卷环节，因听力和阅读测试题型为客观题，采用机器阅卷，其评分信度较高；写作诊断测试则由人工评阅，采用分项式评分来评判学生在这四项写作子技能上的表现，经评分培训与双重评分，保证评分信度。在完成阅卷后，诊断反馈将在两周内提供给学生。如上节所述，该阶段的诊断反馈包括语言能力等级和详细的诊断信息。语言能力等级以三阶六等的形式呈现，即基础阶段 Band 4 和 Band 5、提高阶段 Band 6 和 Band 7、熟练阶段 Band 8 和 Band 9。详细的诊断信息包括学生在听力、阅读和写作子技能上的表现，以等距量表的形式来赋分呈现，并为学生提供相应的课程引导和课后辅导支持。

四、校本英语诊断测试的实践反思

为响应教育发展新形势和推动学校教育教学改革，本研究探索构建面向特定学生群体的校本英语诊断测试体系，即通过能力分级与问题诊断，发挥诊断测试对学校英语教学的导向、诊断、改进、优化等多重功能。作为探索性尝试，本研究在理论研究和教学实践上均具有一定的启示意义，但在测试构建过程中也存在一些不足，有待未来研究改进并深化。现就其理论价值与实践意义、不足之处与未来改进方向作如下探讨。

在理论层面，本研究依据诊断测试研究成果和《中国英语能力等级量表》来构建校本情境下的英语诊断测试，聚焦特定学生群体的学术语言运用能力；并运用 Chapelle、Cotos 和 Lee（2015）的诊断测试效度验证框架来论证校本诊断测试的设计与使用，夯实效度证据，对诊断测试的设计与效度研究具有一定的理论意义。在诊断测试的设计研究中，学界呈现出两种不同的研究范式，其一是采用"翻新方法"（retrofitted approach）从已有的水平测试中提取诊断信息，并进行测试模型比较与验证；其二是采用"归纳方法"（inductive approach）来设计全新的诊断测试。目前较多的研究集中于"翻新方法"（Jang，2005；Sawaki，Kim & Gentile，2009；Kim，2015；杜文博、马晓梅，2018；Aryadoust，2021；Toprak & Cakir，2021；Min，Cai & He，2022），但由于已有水平测试多从语言能力整体性角度来设计，对诊断属性的考查未必到位（Alderson，2010）。相比之下，"归纳方法"往往依据语言发展理论或语言能力量表，有针对性地设计诊断测试体系，以满足教育教学需求。目前已有少数科研团队作了相关尝试，如第三章所述的基于欧框的欧洲在线语言诊断系统（DIALANG）、奥克兰大学学术英语诊断评估系统（DELNA）、香港英语诊断跟踪系统（DELTA）等。本研究基于"归纳方法"开展校本诊断测试的开发工作，包括设计诊断目的、诊断构念、诊断形式、诊断试题、诊断报告、效度验证等基础环节，形成完整的诊断测试体系，有助于推动诊断测试在校本特定教育情境下的研制，为诊断测试的构建提供理论证据。此外，本研究强调了诊断测试效度研究的效度验证，即在校本诊断测试的设计之初，详列了每一环节的理据与推论，以逻辑论证来证明或证伪推论。通过对理据和推论的层层论证，使推论更加确凿可信，也使抽象的效度验证变得更为具体规范，有利于推动基于论证的效度验证模型在诊断测试效度研究中的应用。

在实践层面，本研究通过构建校本英语诊断测试，对课程设置、培养模式、教学评价体系和教学成效均具有一定启示。将测评融入教学，使测评成为连接教与学的桥梁，是学界一直以来的共识（Rea-Dickins，2006；Colby-Kelly & Turner，2007），而诊断测试却多被忽视（Alderson，2007）。已有不少学者建议诊断测试须与课程对接，以发挥其正面反拨效应（Alderson，2005；Kunnan & Jang，2009；Lee，2015），本研究就此作了有益尝试。第一，通过将校本诊断测试分为两个阶段，即分级阶段的能力分级和诊断阶段的问题诊断，将学生按不同能力层级和所诊断的能力弱项来进入不同大学英语课程体系，以服务于学校的灵活学分制，使课程设置更加科学化、精细化。第二，校本诊断测试有望为"基础补差—综合提高—培优发展"的三段式培养模式奠定基础，即第一阶段的分级测试将分流出较高水平学生，引导至培优式的培养模式；第二阶段的诊断测试则根据所诊断出的能力强弱项，将学生引导至基础或是提高的培养模式，注重学生的个性化需求，实践因材施教的培养路径。第三，将诊断测试融入教学评价体系，不仅可以作为入学后测评，以优化课程设置和改进培养模式；还可作为课程运行过程中的"过程性"测试，关注并检测学生在学习过程中的进展情况，明确教学活动中存在的问题和提升的方向，及时调整教学计划，以期获得更优的教学效果。第四，诊断测试的最终目标是以诊促教、以诊促学：对教师视角来看，诊断测试能协调课程改革中的不同意见，促进教师教学方法创新（Fox，2009）；从学生视角来看，诊断测试能提升学生群体对自我语言能力的认知（Read & von Randow，2013），并引导学生朝着主动、自主学习和个性化学习的方向发展（Isbell，2021）。因此，通过将诊断测试融入课程设置、培养模式和教学评价体系，有助于优化课程设置，促进个性化培养，完善教学评价体系，进而促进教与学成效的提升。

诚然，本研究仍存在一定的局限性，在构念设定、题库建设、测试实施、教学方面均存在一定的不足之处。未来研究也从这四个方面入手，改进并深化校本英语诊断测试的开发与应用研究，具体如下：

在构念设定方面，本研究在宏观层面上主要就校本诊断测试在听力、阅读和写作能力上作了所考查技能的设定，未将其他语言能力（如翻译能力、口语能力等）纳入考量。限于校本测试的原因，如学生总体具备一定的词汇和语法能力，也为了配合学校教育教学改革和灵活学分制，仅侧重对听力、阅读和写作能力的问题诊断，以这三项分技能为主要能力参照来开展"基础补差—综合提高—培优发展"的三段式培养路径。但其他语言能力（如翻译能力、口语能力、语用能力、策略能力等）同样是语言能力中的重要组成部分，如 Bachman 和 Palmer（1996，2010）的交际语言能力中涉及语言能力、策略能力和心理生理机制；Canale 和 Swain（1980）把语言能力归为语法能力、社会语言能力和话语能力。未来研究可依据具体教育情境来纳入其他的语言能力方面，以全面定义并诊断学习者的语言能力。从微观层面来看，将分级阶段的测试构念定为词汇能力和阅读能力或存在构念代表性不足问题；在诊断阶段，对听力、阅读和写作能力的构念主要是依据前人理论研究和校本教育教学需求来设定，但所测的各项子技能是否具有诊断性还未可知（Alderson，2010；Harding，Alderson & Brunfaut，2015）。各项子技能看似分离，但在完成测试任务时未必仅某项子技能在发挥作用，如有研究发现二语学习者优先考虑并使用较高层次技能，却忽略了较基础技能（如句法分析），导致理解错误；相比之下，熟练的学习者在阅读文本时会调动各项技能，达到正确的理解（Brunfaut & McCray，2015）。然而诊断测试的诊断属性要求其更可能是分离式测试，更注重离散的具体能力（Alderson & Huhta，2011）。这需要未来研究更侧重诊断测试中各项分离式能力的论证，如采用眼动设备等其他手段来探明学生在完成所测任务时所调用的具体能力，确保诊断测试的构念效度。

在题库建设方面，本研究的诊断试题量还较少，在进行题库建设时需注意试题制作规范和试题质量控制。好的题库建设是进行诊断评估的先决条件。该诊断题库建设包括命题、审核、修改、验收、试测、录入等环节，各个环节依次进行，如有其中环节需要修改，则退回至命题人编写与修改环节。同时，需要经小范围试测来审核试题质量，作出修改等改进，并按照试题的诊断属性、难易度和区分度来进行分类录入与管理。要确保该诊断测试既用于入学后测试又用于形成性评价，历时检查学生的语言能力进展情况，则需要较大的题库作为基础。因题库建设较为耗时耗力，需要经多轮建设，由少积多，才能不断满足教育教学需要。在另一方面，诊断试题组卷方法也至关重要，要考查学生在多个诊断属性上的掌握情况，需要构建适合的诊断模型。项目反应理论一般假设测试的单维性，其组卷的一个重要标准是依据项目所含信息量来筛选项目，减少测量误差；而诊断测试侧重考查学生离散的能力属性，因此项目反映理论不适用于诊断测试组卷，需采用适用诊断测试的组卷方法，如 Henson 和 Douglas（2005）提出的基于 KL 信息量的认知诊断模型信息量指标，以及唐小娟、丁树良、毛萌萌和俞宗火（2013）提出的基于属性层级结构的认知诊断测试的组卷方法等。在诊断测试的实际组卷中，需根据组卷时间和判准率来挑选合适的诊断模型。

在测试实施方面，本研究所建构的校本诊断测试分两步进行，分级阶段通过计算机辅助测试形式来实施，而诊断阶段通过纸笔测试形式来实施，需严格确保学生是在公平、一致的实施条件下参加考试，以及要确保考卷的评分信度。由于分级测试采用计算机辅助测试形式，建议学生在入学前自行进行测试，但这需要学生严格执行考试规定的时间限制，并自觉杜绝作弊行为，才能确保分级测试效果。同时，通过计算机辅助形式所监测并记录的学生的做题情况，包括作答时间、停顿时间等，还未有效纳入分级测试的评估系统，这还需要未来研究继续深入。第二阶段的诊断测试是在入学后以纸笔测试形式来实施，所测题型为客观题（即选择题）和主观题（即直接写作题），其中客观题由人工扫描后机器阅卷完成，主观题则由人工阅卷完成。但在人工阅卷情况下，如何确保作文的评分信度一直是写作评估的研究重点（Weigle，2002；Myford & Wolfe，2003，2004；Yu，2013；何莲珍、孙悠夏，2022）。由于写作题是综合写作形式，即通过给予阅读材料，要求学生基于理解来阐述或评论相关问题，该形式虽然可使写作测试更具真实性（Weigle，2004；Leki，Cumming & Silva，2008），但仍具有难以规避的局限性，如写作能力诊断易与写作能力测试相混淆、提示文本摘抄将增加对学生语言产出的评判难度等（Cumming，2013）。因此，未来研究在确保测试实施的公平公正时，还需关注影响测试实施和评分过程的影响因素，以减弱或消除影响，确保测试效度。

在测试后效方面，本研究尝试将诊断测试应用于教学，但诊断测试对教学的效用问题还需更确凿的证据来证明。诊断测试的设计人员，往往会采用"最简方案"，即仅提供反馈，由参与者自行决定如何使用（Lee，2015）。而应用于校本情境下的诊断测试，更多的是需要考虑如何将诊断测试融入教学，实现以诊促教、以诊促学的正面测试后效。该校本诊断测试体系建构的过程中，一方面是出于配合学校教育教学改革，促进因材施教的课程体系建设；另一方面是为了夯实教学效果，探索针对性教学和个性化发展，提升课程教学质量；然而从课程体系和教学效果层面均缺乏更多的实证证据。诊断测试的初衷在于诊断学习者目标语知识和技能中的强项与弱项，并以此提供详细的诊断反馈与指导意见（Alderson，2005；Alderson & Huhta，2011；Jang，2012）；在实际应用中，诊断测试如何影响教学、如何通过诊断测试促进教学，是国内外语言测试和教学领域共同关注的焦点（Alderson，Brunfaut & Harding，2015；Harding，Alderson & Brunfaut，2015；Isbell，2021）。因此，未来研究还需要以更多的实据来澄清诊断测试对教学的作用，发现其中问题并逐步完善测试系统与课程教学，使其更好地在教、学、评一体化发展进程中发挥作用。

参考文献

Aitken，K. G. (1978). Measuring listening comprehension. *English as a second language. TEAL Occasional Papers*，*Vol. 2.* Vancouver: British Colombia Association of Teachers of English as an Additional Language. ERIC Document No. ED 155 945.

Alderson，J. C.，& Huhta，A. (2011). Can research into the diagnostic testing of reading in a second or foreign language contribute to SLA research? In L. Roberts，G. Pallotti，& C. Bettoni (Eds.)，*EUROSLA Yearbook 11* (pp. 30-52). John Benjamins.

Alderson，J. C. (1984). Reading in a foreign language: A reading problem or a language problem? In J. C. Alderson，& A. H. Urquhart (Eds.)，Reading in a Foreign Language. London: Longman.

Alderson，J. C. (1990a). Testing reading comprehension skills (Part One). *Reading in a Foreign Language*，6，425-438.

Alderson，J. C. (1990b). Testing reading comprehension skills (Part Two). *Reading in a Foreign Language*，7，465-503.

Alderson，J. C. (2000). *Assessing Reading*. Cambridge: Cambridge University Press.

Alderson，J. C. (2005). *Diagnosing Foreign Language Proficiency: The*

Interface between Learning and Assessment. New York: Continuum.

Alderson, J. C. (2007). The challenge of (diagnostic) testing: Do we know what we are measuring? In J. Fox, M. Wesche, D. Bayliss, L. Cheng, C. Turner, & C. Doe (Eds.), *Language Testing Reconsidere*d (pp. 21-39). Ottawa, Canada: University of Ottawa Press.

Alderson, J. C. (2010). "Cognitive Diagnosis and Q-Matrices in Language Assessment": A Commentary. *Language Assessment Quarterly*, 7(1), 96-103.

Alderson, J. C., & Banerjee, J. (2001). Language testing and assessment (Part 1). *Language Teaching*, 34(4), 213-236.

Alderson, J. C., & Huhta, A. (2005). The development of a suite of computer-based diagnostic tests based on the Common European Framework. *Language Testing*, 22(3), 301-320.

Alderson, J. C., & Kemmel, B. (2013). Re-examining the content validation of a grammar test: The (im)possibility of distinguishing vocabulary and structural knowledge. *Language Testing*, 30(4), 535-556.

Alderson, J. C., & Wall, D. (1993). Does washback exist? *Applied Linguistics*, 14, 115-129.

Alderson, J. C., Brunfaut, T., & Harding, L. (2015). Toward a theory of diagnosis in second and foreign language assessment: Insights from professional practice across diverse fields. *Applied Linguistics*, 36(2), 236-260.

Alderson, J. C., Clapham, C. M., & Wall, D. (1995). *Language test construction and evaluation.* Cambridge, UK: Cambridge University Press.

Alderson, J. C., Haapakangas, E.-L., Huhta, A., Nieminen, L., & Ullakonoja, R. (2015). *The Diagnosis of Reading in a Second or Foreign Language.* New York and London: Routledge.

American Council for the Teaching of Foreign Languages. (1983). *ACTFL*

Proficiency Guidelines (Revised 1985). Hastings-on-Hudson, NY: ACTFL Materials Center.

American Council on the Teaching of Foreign Languages. (2012a). *ACTFL Proficiency Guidelines 2012*. Available from, https://www.actfl.org/ educator-resources/actfl-performance-descriptors

American Council on the Teaching of Foreign Languages. (2012b). *ACTFL Performance Descriptors for Language Learners*. Available from, https:// www.actfl.org/educator-resources/actfl-performance-descriptors

American Psychological Association, American Educational Research Association, & National Council on Measurement in Education. (1999). *Standards for Educational and Psychological Testing*. Washington, DC: American Educational Research Association.

Anderson, J. R. (2009). *Cognitive Psychology and its Implications* (7th Edition). New York: Worth.

Aryadoust, V. (2021). A cognitive diagnostic assessment study of the listening test of the Singapore-Cambridge General Certificate of Education O-Level: Application of DINA, DINO, G-DINA, HO-DINA, and RRUM. *International Journal of Listening*, 35(1), 29-52.

Attali, Y. (2016). A comparison of newly-trained and experienced raters on a standardized writing assessment. *Language Testing*, 33(1), 99-115.

Bachman, L. F. & Palmer, A. S. (1989). The construct validation of self-ratings of communicative language ability. *Language Testing*, 6(1), 14-29.

Bachman, L. F. (1990). *Fundamental Considerations in Language Testing*. Oxford: Oxford University Press.

Bachman, L. F. (2002). Alternative interpretations of alternative assessments: Some validity issues in educational performance assessments. *Educational Measurement: Issues and Practice*, 21(3), 5-18.

Bachman，L. F. (2005). Building and supporting a case for test use. *Language Assessment Quarterly*, 2(1), 1-34.

Bachman, L. F., & Palmer, A. (1996). *Language Testing in Practice: Designing and Developing Useful Language Tests*. Oxford: Oxford University Press.

Bachman，L. F., & Palmer，A. (2010). *Language Assessment in Practice: Developing Language Assessments and Justifying their Use in the Real World*. Oxford: Oxford University Press.

Bannatyne, A. (1971). *Language，Reading and Learning Disabilities: Psychology，Neuropsychology，Diagnosis and Remediation*. Springfield, IL: Charles C. Thomas Publisher.

Bejar, I., Douglas, D., Jamieson, J., Nissan, S., & Turner, J. (2000). *TOEFL 2000 listening framework: A working paper* (TOEFL Monograph Series No. MS-19). Princeton，NJ: Educational Testing Service.

Black，P.，& Wiliam，D. (2009). Developing the theory of formative assessment. *Educational Assessment，Evaluation，and Accountability*, 21(1)，5-31.

Black，P.，& William，D. (1998). Assessment and classroom learning. *Assessment in Education: Principles，Policy and Practice*, 5(1)，7-73.

Boder, E., & Jarrico, S. (1982). *The Boder Test of Reading-Spelling Patterns: A Diagnostic Screening Test for Subtypes of Reading Disability*. New York: Grune and Stratton.

Boo，J. (1997). *Computerized versus paper-and-pencil assessment of educational development: Score comparability and examinee preferences* (Unpublished dissertation). University of Iowa，Iowa.

Bouwer，R.，Béguin，A.，Sanders，T.，& van den Bergh，H. (2015). Effect of genre on the generalizability of writing scores. *Language Testing*, 32(1)，83-100.

Brennan, R. L. (2006). Perspectives on the evolution and future of educational measurement. In R. Brennan (ed.), *Educational Measurement* (4th Edition) (pp. 1-16). Westport, CT: American Council on Education and Praeger.

Brezina, V., & Gablasova, D. (2015). Is there a core general vocabulary? Introducing the New General Service List. Applied Linguistics, 36(1), 1-22.

Brindley, G. (1998). Assessing Listening Abilities. Annual Review of *Applied Linguistics*, 18, 171-191.

Brindley, G., & Slatyer, H. (2002). Exploring task difficulty in ESL listening assessment. *Language Testing*, 19(4), 369-394.

Brown, H. D. (1994). *Teaching by Principles: An Interactive Approach to Language Pedagogy*. Englewood Cliffs, NJ: Prentice Hall Regents.

Brunfaut, T., & McCray, G. (2015). *Looking into test-takers' cognitive processes whilst completing reading tasks: A mixed-method eye-tracking and stimulated recall study*. (ARAGs Research Reports – Online. Vol. 1, No. 1). London: British Council.

Buck, G. & Tatsuoka, K. (1998). Application of the rule-space procedure to language testing: Examining attributes of a free response listening test. *Language Testing*, 15(2), 119-157.

Buck, G. (2001). *Assessing Listening*. Cambridge: Cambridge University Press.

Canale, M., & Swain, M. (1980). Theoretical bases of communicative approaches to second language teaching and testing. *Applied Linguistics*, 1, 1-47.

Carroll, J. B. (1968). The psychology of language testing. In: A. Davies (Ed.), *Language Testing Symposium: A Psycholinguistic Approach*. Oxford: Oxford University Press.

Carver, R. P. (2000). *The Cause of High and Low Reading Achievement*. Mahwah, NJ: Lawrence Erlbaum.

Chapelle, C. A. (2006). DIALANG: A diagnostic language test in 14 European languages [test review]. *Language Testing*，23(4)，544-550.

Chapelle，C. A. (2012). Validity argument for language assessment: The framework is simple.... *Language Testing*，29(1)，19-27.

Chapelle，C. A.，& Douglas，D. (2006). *Assessing Language through Computer Technology*. Cambridge: Cambridge University Press.

Chapelle，C. A.，& Voss，E. (2014). Evaluation of language tests through validation research. In A. J. Kunnan (Ed.)，*The Companion to Language Assessment: Evaluation*，*Methodology*，*and Interdisciplinary Themes* (Volume III) (pp. 1081-1097). West Sussex: John Wiley & Sons，Inc.

Chapelle，C. A.，Cotos，E.，& Lee，J. (2015). Validity arguments for diagnostic assessment using automated writing evaluation. *Language Testing*，32(3)，385-405.

Chapelle，C. A.，Enright，M. K.，& Jamieson，J. (2008). Test score interpretation and use. In C. A. Chapelle，M. K. Enright，& J. Jamieson (Eds.)，*Building a Validity Argument for the Test of English as a Foreign Language* (pp. 1-25). London: Routledge.

Chapelle，C. A.，Enright，M. K.，& Jamieson，J. (2010). Does an argument-based approach to validity make a difference? *Educational Measurement: Issues and Practice*，29(1)，3-13.

Cheng，L.，Wanatabe，Y.，& Curtis，A. (2004). *Washback in language testing: Research contexts and methods*. Mahwah，NJ: Lawrence Erlbaum.

Clariana，R.，& Wallace，P. (2002). Paper-based versus computer-based assessment: Key factors associated with the test mode effect. *British Journal of Educational Technology*，33(5)，593-602.

Clark，T.，& Endres，H. (2021). Computer-based diagnostic assessment of high school students' grammar skills with automated feedback – An international trial. *Assessment in Education: Principles*，*Policy & Practice*，28(5-6): 602-632.

Clauser, B. E., Kane, M. T., & Swanson, D. B. (2002). Validity issues for performance-based tests scored with computer-automated scoring systems. *Applied Measurement in Education*, 15(4), 413-432.

Clay, M. M. (1979). *The Early Detection of Reading Difficulties: A Diagnostic Survey with Recovery Procedures*. Auckland: Heinemann.

Colby-Kelly, C., & Turner, C. E. (2007). AFL research in the L2 classroom and evidence of usefulness: Taking formative assessment to the next level. *Canadian Modern Language Review*, 64(1), 9-37.

Council of Europe. (2001). *Common European Framework of Reference for Languages: Learning, Teaching, Assessment*. Cambridge: Cambridge University Press.

Coxhead, A. (2000). A new academic word list. *TESOL Quarterly*, 34(2), 213-238.

Cronbach, L. J. (1982). *Designing Evaluations of Educational and Social Programs*. San Francisco, CA: Jossey-Bass.

Cronbach, L. J. (1988). Five perspectives on validity argument. In H. Wainer, & H. I Braun (Eds.), *Test Validity* (pp. 3-17). Hillsdale, NJ: Lawrence Erlbaum Association.

Cronbach, L. J. (1990). *Essentials of Psychological Testing* (5th Edition). New York: Harper and Row.

Cumming, A. (2013). Assessing integrated writing tasks for academic purposes: Promises and perils. *Language Assessment Quarterly*, 10(1), 1-8.

Cumming, A. (2014). Linking assessment to curricula, teaching, and learning in language education. In D. Qian & L. Li (Eds.), *Teaching and Learning English in East Asian Universities: Global Visions and Local Practices* (pp. 2-18). Newcastle upon Tyne, UK: Cambridge Scholars Publishing.

Cumming, A. (2015). Design in four diagnostic *language assessments*. Language Testing, 32(3), 407-416.

Cumming, A., Kantor, R., & Powers, D. E. (2002). Decision making while rating ESL/EFL writing tasks: A descriptive framework. *The Modern Language Journal*, 86(1), 67-96.

Davidson, F., & Lynch, B. K. (2002). *Testcraft: A Teacher's Guide to Writing and Using Language Test Specifications*. New Haven: Yale University Press.

Davies, A. (1968). *Language Testing Symposium: A Psycholinguistic Perspective*. London: Oxford University.

Davies, A. (2011). Kane, validity and soundness. *Language Testing*, 29(1), 37-42.

Davies, A., & Elder, C. (2005). Validity and validation in language testing. In E. Hinkel (Ed.), *Handbook of Research in Second Language Teaching and Learning* (pp. 795-813). Mahwah, NJ: Lawrence Erlbaum Associates.

Davies, A., Brown, A., Elder, C., Hill, K., Lumley, T., & McNamara, T. (1999). *Dictionary of Language Testing*. Cambridge: Cambridge University Press.

Doe, C. (2014). Diagnostic English Language Needs Assessment (DELNA) [test review]. *Language Testing*, 31(4), 537-543.

Doe, C. (2015). Student interpretations of diagnostic feedback. *Language Assessment Quarterly*, 12(1), 110-135.

Douglas, D. (2000). *Assessing Languages for Specific Purposes*. Cambridge: Cambridge University Press.

Downing, S. M. (2006). Twelve steps for effective test development. In S. M. Downing, & T. M. Haladyna (Eds.), *Handbook of Test Development* (pp. 3-25). Mahwah, NJ: Lawrence Erlbaum Associates Publishers.

Dunkel, P., Henning, G., & Chaudron, C. (1993). The assessment of an L2 listening comprehension construct: A tentative model for test specification and development. *The Modern Language Journal*, 77(2), 180-191.

Edelenbos, P., & Kubanek-German, A. (2004). Teacher assessment: the concept of "diagnostic competence". *Language Testing*, 21(3), 259-283.

Ehri, L. C., & Snowling, M. J. (2004). Developmental variation in word recognition. In C. A. Stone, E. R. Silliman, B. J. Ehren, & K. Apel (Eds.), *Handbook of Language and Literacy. Development and Disorders* (pp. 433-460). New York: Guilford Press.

Elder, C., & von Randow, J. (2003). *DELNA Report 2003*. [Unpublished research report]. Auckland, New Zealand: The University of Auckland.

Elder, C., & von Randow, J. (2008). Exploring the utility of a web-based English language screening tool. *Language Assessment Quarterly*, 5(3), 173-194.

Embretson, S. E. (1998). A cognitive design system approach to generating valid tests: Application to abstract reasoning. *Psychological Methods*, 3(3), 380-396.

Enright, M. K., & Quinlan, T. (2010). Complementing human judgment of essays written by English language learners with e-rater scoring. *Language Testing*, 27(3), 317-334.

Erlam, R., von Randow, J., & Read, J. (2013). Investigating an online rater training program: Product and process. *Papers in Language Testing and Assessment*, 2(1), 1-29.

Fan, T., Song, J., & Guan, Z. (2021). Integrating diagnostic assessment into curriculum: a theoretical framework and teaching practices. *Language Testing in Asia*, 11(2), 2-23.

Field, J. (2013). Cognitive validity. In A. Geranpayeh, & L. Taylor (Eds), *Examining Listening: Research and Practice in Assessing Second Language* (pp. 77-151). Cambridge: Cambridge University Press.

Fox, J. (2009). Moderating top-down policy impact and supporting EAP curricular renewal: Exploring the potential of diagnostic assessment. *Journal of English for Academic Purposes*, 8(1), 26-42.

Fulcher, G. (2003). *Testing Second Language Speaking*. London: Pearson Longman.

Goodwin, S. (2016). A many-facet Rasch analysis comparing essay rater behavior on an academic English reading/writing test used for two purposes. *Assessing Writing*, 30, 21-31.

Gough, P., Juel, C., & Griffith, P. (1992). Reading, speaking and the orthographic cipher. In P. Gough, L. Ehri, & R. Treiman (Eds.), *Reading Acquisition*. Hillsdale, NJ: L. Erlbaum.

Grabe, W. (2009). *Reading in a Second Language: Moving from Theory to Practice*. Cambridge: Cambridge University Press.

Grabe, W., & Kaplan, R. B. (1996). *Theory and Practice of Writing*. New York: Longman.

Guthrie, J. T., & Wigfield, A. (1997). *Reading Engagement: Motivating Readers through Integrated Instruction*. Newark: International Reading Association.

Hamp-Lyons, L., & Kroll, B. (1997). *TOEFL 2000 – writing: Composition, community and assessment* (TOEFL Monograph Series Report No. 5). Princeton, NJ: Educational Testing Service.

Harding, L., Alderson, J. C., & Brunfaut, T. (2015). Diagnostic assessment of reading and listening in a second or foreign language: Elaborating on diagnostic principles. *Language Testing*, 32(3), 317-336.

Hattie, J., & Timperley, H. (2007). The power of feedback. *Review of Educational Research*, 77(1), 81-112.

Hayes J. R. (1996). A new framework for understanding cognition and affect in writing. In C. M. Levy, & S. Ransdell (Eds.), *The Science of Writing: Theories, Methods, Individual Differences, and Applications* (pp. 1-27).

Mahwah, NJ: Lawrence Erlbaum Associates.

Hayes, J. R., & Flower, L. S. (1980). Identifying the organization of writing processes. In L. W. Gregg, & E. R. Steinberg (Eds.), *Cognitive Processes in Writing* (pp. 31-50). Hillsdale, NJ: Lawrence Erlbaum Associates.

Henning, G. (1987). *A Guide to Language Testing: Development, Evaluation, Research.* Cambridge, Massachusetts: Newbury House.

Henson, R., & Douglas, J. (2005). Test construction for cognitive diagnosis. Applied Psychological Measurement, 29(4), 262-277.

Hirch, R. (2014). *Developing theory-based diagnostic tests of grammar: Application of processability theory.* Unpublished M.A. thesis, Seoul National University, Seoul, South Korea.

House, E. R. (1980). *Evaluating with Validity.* Beverly Hills, CA: Sage.

Huff, K., & Goodman, D. (2007). The demand for cognitive diagnostic assessment. In J. P. Leighton, & M. J. Gierl (Eds.), *Cognitive Assessment for Education: Theory and Applications* (pp. 19-60). New York: Cambridge University Press.

Hughes, A. (1989). *Testing for Language Teachers.* Cambridge: Cambridge University Press.

Hughes, A. (2003). *Testing for Language Teachers* (2nd Edition). Cambridge: Cambridge University Press.

Huhta, A., Luoma, S., Oscarson, M., Sajavaara, K., Takala, S., & Teasdale, A. (2002). DIALANG: a diagnostic language assessment system for learners. In J. C. Alderson (Ed.), *Common European Framework of Reference for Languages: Learning, Teaching, Assessment.* Case studies (pp. 130-145). Strasbourg: Council of Europe.

Isbell, D. R. (2021). Can the test support student learning? Validating the use of a second language pronunciation diagnostic. *Language Assessment Quarterly*, 18(4), 331-356.

Jang, E. E. (2005). A validity narrative: *The effects of cognitive reading skills diagnosis on ESL adult learners' reading comprehension ability in the context of Next Generation TOEFL* (Unpublished dissertation). University of Illinois at Urbana Champaign.

Jang, E. E. (2009). Cognitive diagnostic assessment of L2 reading comprehension ability: Validity arguments for applying Fusion Model to LanguEdge assessment. *Language Testing*, 26(1), 31-73.

Jang, E. E. (2012). Diagnostic assessment in language classrooms. In G. Fulcher, & F. Davidson (Eds.), *The Routledge Handbook of Language Testing* (pp. 120-133). New York, NY: Routledge.

Jang, E. E., & Wagner, M. (2014). Diagnostic feedback in language classroom. In A. Kunnan (Ed.), *Companion to Language Assessment*. Wiley-Blackwell.

Jang, E. E., Dunlop, M., Park, G., & van der Boom, E. H. (2015). How do young students with different profiles of reading skill mastery, perceived ability, and goal orientation respond to holistic diagnostic feedback? *Language Testing*, 32(3), 359-383.

Johns, T. (1976). *Why Diagnose?* Memorandum dated July 18, 1976. Birmingham, UK: Department of English, University of Birmingham.

Johnson, J. S., & Lim, G. S. (2009). The influence of rater language background on writing performance assessment. *Language Testing*, 26(4), 485-505.

Johnson-Laird, P. N. (1983). *Mental Models*. Cambridge: Cambridge University Press.

Kane, M. T. (1992). An argument-based approach to validation. *Psychological Bulletin*, 112(3), 527-535.

Kane, M. T. (2002). Validating high-stakes testing programs. *Educational*

Measurement: Issues and Practice, 18(2), 5-17.

Kane, M. T. (2004). Certification testing as an illustration of argument-based validation. *Measurement: Interdisciplinary Research and Perspectives*, 2(3), 135-170.

Kane, M. T. (2006). Validation. In R. L. Brennan (Ed.), *Educational Measurement* (4th Edition) (pp. 17-64). Westport, CT: American Council on Education and Praeger.

Kane, M. T. (2012). Validating score interpretations and uses: Messick Lecture, Language Testing Research Colloquium, Cambridge, April 2010. *Language Testing*, 29(1), 3-17.

Kane, M. T. (2013a). The argument-based approach to validation. *School Psychology Review*, 42(4), 448-457.

Kane, M. T. (2013b). Validating the interpretations and uses of test scores. *Journal of Educational Measurement*, 50(1), 1-73.

Kane, M. T., Crooks, T., & Cohen, A. (1999). Validating measures of performance. *Educational Measurement: Issues and Practice*, 18(2), 5-17.

Kelly, T. L. (1927). *Interpretation of Educational Measurements*. New York: New World Book Company.

Khalifa, H., & Weir, C. J. (2009). *Examining Reading: Research and Practice in Assessing Second Language Reading*. Cambridge: Cambridge University Press.

Kim, A.-Y. (2015). Exploring ways to provide diagnostic feedback with an ESL placement test: Cognitive diagnostic assessment of L2 reading ability. *Language Testing*, 32(2), 227-258.

Kim, Y.-H. (2010). *An argument-based validity inquiry into the empirically-derived descriptor based diagnostic (EDD) assessment in ESL academic writing* (Unpublished dissertation). University of Toronto, Toronto: Canada.

Kintsch，W. (1998). *Comprehension: A Paradigm for Cognition.* New York: Cambridge University Press.

Knoch，U. (2007). *Diagnostic writing assessment: The development and validation of a rating scale.* PhD thesis: The University of Auckland.

Knoch，U. (2009). Diagnostic assessment of writing: A comparison of two rating scales. *Language Testing*，26(2)，275-304.

Knoch，U. (2011). Rating scales for diagnostic assessment of writing: What should they look like and where should the criteria come from? *Assessing Writing*，16(2)，81-96.

Koda，K. (2005). *Insights into Second Language Reading.* New York: Cambridge University Press.

Kunnan,A.,& Jang,E. E. (2009). Diagnostic feedback in language testing. In M. Long，& C. Doughty (Eds.)，*The Handbook of Language Teaching* (pp. 610-625). Oxford，UK: Blackwell Publishing.

Lado，R. (1961). *Language Testing.* New York: McGraw-Hill.

Langlois，J. P. (2002). Making a diagnosis. In M. B. Mengel，W. L. Holleman，& S. A. Fields (Eds.)，*Fundamentals of Clinical Practice (2nd Edition*，pp. 198-218). New York: Kluwer Academic.

Larsen-Freeman，D. (1991). Teaching grammar. In M. Celce-Murcia (Ed.)，*Teaching English as a Second or Foreign Language* (pp. 279-295). New York: Newbury House.

Lee，Y.-W. (2015). Diagnosing diagnostic language assessment. *Language Testing*，32(3)，299-316.

Lee，Y.-W.，& Sawaki，Y. (2009). Cognitive diagnosis approaches to language assessment: An overview. *Language Assessment Quarterly*，6(3)，172-189.

Lee，Y.-W.，Gentile，C.，& Kantor，R. (2010). Toward automated multi-trait scoring of essays: Investigating relationships among holistic，analytic， and text feature scores. *Applied Linguistics*, 31(3), 391-417.

Leki, I., Cumming, A. H., & Silva, T. (2008). *A Synthesis of Research on Second Language Writing in English*. New York: Routledge.

Li, H., Hunter, C. V., & Lei, P.-W. (2016). The selection of cognitive diagnostic models for a reading comprehension test. *Language Testing*, 33(3), 391-409.

Liao, Y. (2007). Investigating the construct validity of the grammar and vocabulary section and the listening section of the ECCE: Lexico-grammatical ability as a predictor of L2 listening ability. *Spaan Fellow Working Papers in Second or Foreign Language Assessment 5* (pp. 37-78). Ann Arbor, MI: University of Michigan English Language Institute.

Lim, G. S. (2011). The development and maintenance of rating quality in performance writing assessment: A longitudinal study of new and experienced raters. *Language Testing*, 28(4), 543-560.

Liu, H. (2014). The conceptualization and operationalization of diagnostic testing in second and foreign language assessment. *Teachers College, Columbia University Working Papers in TESOL & Applied Linguistics*, 14(1), 1-12.

Luoma, S. (2004). Self-assessment in DIALANG: An account of test development. In M. Milanovic, & C. J. Weir (Eds.), *European Language Testing in a Global Context* (pp. 143-156). Cambridge: Cambridge University Press.

McCray, G., Alderson, J.C., & Brunfaut, T. (2012, June). *Combining eye-tracking with post test interview data to examine gap-fill items: Triangulation of tribulation.* Paper presented at the European Association for Language Testing and Assessment conference (EALTA), Innsbruck, Austria.

McNamara, T. (1996). *Measuring Second Language Performance*. London:

Longman.

McNamara, T. (2002). Discourse and assessment. *Annual Review of Applied Linguistics*, 22, 221-242.

McNamara, T. F. (2006). Validity in language testing: The challenge of Sam Messick's legacy. *Language Assessment Quarterly*, 3(1), 31-51.

McNamara, T. F., & Roever, C. (2006). *Language Testing: The Social Dimension*. Massachusetts: Blackwell Publishing.

Meara, P. (1996). The dimensions of lexical competence. In G. Brown, K. Malmkjaer, & J. William (Eds.), *Performance and Competence in Second Language Acquisition* (pp. 35-53). Cambridge: Cambridge University Press.

Messick, S. (1989). Validity. In R. L. Linn (Ed.), Educational Measurement (3rd Edition, pp. 13-103). New York: American Council on Education and Macmillan.

Messick, S. (1996). Validity and washback in language testing. *Language Testing*, 13(3), 241-256.

Min, S., Cai, H., & He, L. (2022). Application of Bi-factor MIRT and higher-order CDM models to an in-house EFL listening test for diagnostic purposes. *Language Assessment Quarterly*, 19(2), 189-213.

Mislevy, R. J. (1995). Probability-based inference in cognitive diagnosis. In P. D. Nichols, S. F. Chipman, & R. L. Brennan (Eds.), *Cognitively Diagnostic Assessment*. Lawrence Erlbaum Associates Publishers.

Mislevy, R. J. (2003). Substance and structure in assessment arguments. Law, Probability and Risk, 2, 237-258.

Mislevy, R. J., & Haertel, G. D. (2006). Implications of evidence-centered design for educational testing. *Educational Measurement: Issues and Practice*, 25(4), 6-20.

Mislevy, R. J., & Riconscente, M. M. (2006). Evidence-centered assessment design: Layers, concepts, and terminology. In S. Downing, & T. Haladyna (Eds.), *Handbook of Test Development* (pp. 61-90). Mahwah, NJ: Erlbaum.

Mislevy, R. J., & Yin, C. (2009). If language is a complex adaptive system, what is language assessment? *Language Learning*, 59(1), 249-267.

Mislevy, R. J., Steinberg, L. S., & Almond, R. G. (2003). On the structure of educational assessment. *Measurement: Interdisciplinary Research and Perspectives*, 1(1), 3-62.

Mislevy, R. J., Steinberg, L. S., Almond, R. G., & Lukas, J. F. (2006). Concepts, terminology, and basic models of evidence-based design. In D. M. Williamson, R. J. Mislevy, & I. I. Bejar (Eds.), *Automated Scoring for Complex Constructed Response Tasks in Computer-based Testing* (pp. 15-48). Mahwah, NJ: Lawrence Erlbaum.

Myford, C. M., & Wolfe, E. W. (2003). Detecting and measuring rater effects using many-facet Rasch measurement: Part I. *Journal of Applied Measurement*, 4(4), 386-422.

Myford, C. M., & Wolfe, E. W. (2004). Detecting and measuring rater effects using many-facet Rasch measurement: Part II. *Journal of Applied Measurement*, 5(2), 189-227.

Nation, I. S. P. (1990). *Teaching and Learning Vocabulary*. New York: Newbury House.

Nation, I. S. P. (2001). *Learning Vocabulary in Another Language*. Cambridge: Cambridge University Press.

North, B. (2003). *Scales for rating language performance: Descriptive models, formulation styles, and presentation formats* (TOEFL Monograph Series, No. 24). Princeton, NJ: Educational Testing Service.

Paribakht, T. S., & Wesche, M. (1997) Vocabulary Enhancement Activities and Reading for Meaning in Second Language Vocabulary Acquisition. In J.

Coady，& T. Huckin (Eds.)，*Second Language Vocabulary Acquisition: A Rationale for Pedagogy* (pp. 174-200). Cambridge: Cambridge University Press.

Pawlikowska-Smith，G. (2000). *Canadian Language Benchmarks 2000: English as a Second Language for Adults*. Ottawa: Citizenship and Immigration Canada.

Poehner, M., Zhang, J., & Lu, X. (2015). Building computerized dynamic assessment (C-DA): Diagnosing L2 development according to learner responsiveness to mediation. *Language Testing*，32(3)，337-357.

Purpura，J. (2004). *Assessing Grammar*. Cambridge: Cambridge University Press.

Read，J. (2000). *Assessing Vocabulary*. Cambridge: Cambridge University Press.

Read, J. (2012). Piloting vocabulary tests. In G. Fulcher, & F. Davidson (Eds.), *The Routledge Handbook of Language Testing* (pp. 287-299). London: Routledge.

Read，J. (2015). Issues in post-entry language assessment in English-medium universities. *Language Teaching*，48(2)，217-234.

Read，J.，& van Randow，J. (2013). A university post-entry English language assessment: Charting the changes. *International Journal of English Studies*，13(2)，89-110.

Read. J. (1993). The development of a new measure of L2 vocabulary knowledge. *Language Testing*，10(3)，355-371.

Rea-Dickins，P.，& Gardner，S. (2000). Snares and silver bullets: Disentangling the construct of formative assessment. *Language Testing*，17(2)，215-243.

Rea-Dickins，P. (1991). What makes a grammar test communicative? In J. C. Alderson，& B. North (Eds.)，*Language Testing in the 1990s: The Communicative Legacy* (pp. 112-131). New York，NY: HarperCollins.

Rea-Dickins，P. (2006). Currents and eddies in the discourse of assessment: A learning-focused interpretation. *International Journal of Applied Linguistics*, 16(2), 163-188.

Richards, J. C. (1976). The role of vocabulary teaching. *TESOL Quarterly*, 10(1), 77-89.

Richards, J. C. (1983). Listening comprehension: Approach, design, procedure. *TESOL Quarterly*, 17(2), 219-240.

Rost, M. (2016). *Teaching and Researching Listening* (3rd Edition). London, UK: Longman.

Sakyi, A. A. (2000). Validation of holistic scoring for ESL writing assessment: How raters evaluate compositions. In: A. J. Kunnan (Ed.), *Fairness and Validation in Language Assessment: Selected Papers from the 19th Language Testing Research Colloquium, Orlando, Florida*. Cambridge: Cambridge University Press.

Sawaki, Y. (2001). Comparability of conventional and computerized tests of reading in a second language. *Language Learning and Technology*, 5(2), 38-63.

Sawaki, Y., & Koizumi, R. (2017). Providing test performance feedback that bridges assessment and instruction: The case of two standardized English language tests in Japan. *Language Assessment Quarterly*, 14(3), 234-256.

Sawaki, Y., Kim, H.-J., & Gentile, C. (2009). Q-Matrix construction: Defining the link between constructs and test items in large-scale reading and listening comprehension assessments. *Language Assessment Quarterly*, 6(3), 190-209.

Schmitt, N. (1997). Vocabulary learning strategies. In N. Schmitt, & M. McCarthy (Eds.), *Vocabulary: Description, Acquisition and Pedagogy* (pp. 199-227). Cambridge: Cambridge University Press.

Schmitt, N., Schmitt, D., & Clapham, C. (2001). Developing and exploring the behaviour of two new versions of the Vocabulary Levels Test.

Language Testing, 18(1), 55-88.

Shiotsu, T. (2010). *Components of L2 Reading: Linguistic and Processing Factors in the Reading Test Performances of Japanese EFL Learners*. Cambridge: Cambridge University Press.

Shiotsu, T., & Weir, C. J. (2007). The relative significance of syntactic knowledge and vocabulary breadth in the prediction of reading comprehension test performance. *Language Testing*, 24(1), 99-128.

Shohamy, E. (1992). Beyond proficiency testing: A diagnostic feedback testing model for assessing foreign language learning. *The Modern Language Journal*. 76(4), 513-512.

Skehan, P. (1998). *A Cognitive Approach to Learning*. Oxford: Oxford University Press.

Snowling, M. J., & Hulme, C. (2005). *The Science of Reading. A Handbook*. Malden, MA: Blackwell.

Song, M.-Y. (2008). Do divisible subskills exist in second language (L2) comprehension? A structural equation modeling approach. *Language Testing*, 25(4), 435-464.

Spolsky, B. (1992). The gentle art of diagnostic testing revisited. In E. Shohamy, & A.R. Walton (Eds.), *Language Assessment for Feedback: Testing and Other Strategies* (pp. 29-41). Dubuque: Kendall/Hunt Publishing Company.

Toprak, T. E., & Cakir, A. (2021). Examining the L2 reading comprehension ability of adult ELLs: Developing a diagnostic test within the cognitive diagnostic assessment framework. *Language Testing*, 38(1), 106-131.

Torrance, H., & Pryor, J. (1998). *Investigating formative assessment: Teaching, learning and assessment in the classroom*. Florence, KY: Taylor & Francis.

Toulmin, S. E. (1958). *The Uses of Argument*. Cambridge: Cambridge University

Press.

Toulmin, S. E. (2003). *The Uses of Argument* (Updated Edition). Cambridge: Cambridge University Press.

Treasure, W. (2011). *Diagnosis and Risk Management in Primary Care: Words that Count, Numbers that Speak*. New York: Radcliffe.

Turner, C. E. (2000). Listening to the voices of rating scale developers: Identifying salient features for second language performance assessment. *The Canadian Modern Language Review*, 56(4), 555-584.

Turner, C. E., & Purpura, J. E. (2016). Learning-oriented assessment in second and foreign language classrooms. In D. Tsagari, & J. Banerjee (Eds.), Handbook of Second Language Assessment (pp. 255-272). Berlin: de Gruyter.

Urmston, A., Raquel, M., & Tsang, C. (2013). Diagnostic testing of Hong Kong tertiary students' English language proficiency: The development and validation of DELTA. *Hong Kong Journal of Applied Linguistics*, 14(2), 60-82.

Valette, R. M. (1977). *Modern Language Testing* (2nd Edition). New York: Harcourt Brace Jovanovich.

Van Dijk, T. A., & Kintsch, W. (1983). *Strategies of Discourse Comprehension*. London: Academic Press.

Vandergrift, L. (2007). Recent developments in second and foreign language listening comprehension research. *Language Teaching*, 40(3), 191-210.

Vann, R. J., Lorenz, F. L., & Meyer, D. M. (1990). Error gravity: Faculty response to errors in the written discourse of nonnative speakers of English. In L. Hamp-Lyons (Ed.), Assessing *Second Language Writing in Academic Context* (pp. 181-195). Norwood, NJ: Ablex.

Wagner, E. (2004). A construct validation study of the extended listening sections of the ECPE and MELAB. *Spaan Fellow Working Papers in*

Second or Foreign Language Assessment 2 (pp. 1-23). Ann Arbor, MI: University of Michigan English Language Institute.

Weigle, S. C. (1999). Investigating rater/prompt interactions in writing assessment: Quantitative and qualitative approaches. *Assessing Writing*, 6(2), 145-178.

Weigle, S. C. (2002). *Assessing Writing*. Cambridge: Cambridge University Press.

Weir, C. J. (1993). *Understanding and Developing Language Tests*. New York: Prentice Hall.

Weir, C. J. (2005). *Language Testing and Validation: An Evidence-based Approach*. New York: Palgrave MacMillan.

Williamson, D. M., Bauer, M., Steinberg, L. S., Mislevy, R. J., & Behrens, J. T. (2003). Creating a complex measurement model using evidence centered design. Paper presented at the *Annual Meeting of the American Educational Research Association* (Chicago, IL, April 21-25, 2003). Retrieved April 4, 2023 from https://www.learntechlib.org/p/97163/

Wiseman, C. S. (2012). Rater Effects: Ego Engagement in Rater Decision-Making. *Assessing Writing*, 17(3), 150-173.

Wolfgramm, C., Suter, N., & Göksel, E. (2016). Examining the role of concentration, vocabulary and self-concept in listening and reading comprehension. *International Journal of Listening*, 30, 25-46.

Wylie, E., & Ingram, D. E. (1995/1999). *International Second Language Proficiency Ratings (ISLPR): General Proficiency Version for English*. Brisbane: Centre for Applied Linguistics and Languages, Griffith University.

Xi, X. (2007). Validating TOEFL iBT speaking and setting score requirements for ITA screening. *Language Assessment Quarterly*, 4(4), 318-351.

Xi, X. (2010). Automated scoring and feedback systems: Where are we and where are we heading? *Language Testing*，27(3)，291-300.

Xue，G.，& Nation，I. S. P. (1984). A university word list. *Language Learning and Communication*，3(2)，215-229.

Yeldham，M. (2016). Second language listening instruction: Comparing a strategies-based approach with an interactive，strategies/bottom-up skills approach. *TESOL Quarterly*，50(2)，394-420.

Yigit，H. D.，Sorrel，M. A.，& de la Torre，J. (2019). Computerized adaptive testing for cognitively based multiple-choice data. *Applied Psychological Measurement*，43(5)，388-401.

Yin，M.，Sims，J.，& Cothran，D. (2012). Scratching where they itch: Evaluation of feedback on a diagnostic English grammar test for Taiwanese university students. *Language Assessment Quarterly*，9(1)，78-104.

Yu，G. (2013). From integrative to integrated language assessment: Are we there yet? *Language Assessment Quarterly*，10(1)，110-114.

杜文博，马晓梅. (2018). 基于认知诊断评估的英语阅读诊断模型构建. 外语教学与研究，50(1)，74–88.

何莲珍. (2020). 新时代大学英语教学的新要求——《大学英语教学指南》修订依据与要点. 外语界，199(4)，13–18.

何莲珍，闵尚超. (2016). 计算机自适应语言测试模型设计与效度验证. 杭州：浙江大学出版社.

何莲珍，孙悠夏. (2022). 基于提示特征影响的综合写作测试效度研究. 北京：外语教学与研究出版社.

教育部考试中心. (2018). 中国英语能力等级量表. 中华人民共和国教育部、国家语言文字工作委员会发布.

吕祥. (1993). Cloze–elide testing: 测量阅读理解的新题型. 外语教学与研究，93(1)，63–66.

亓鲁霞. (2012). 语言测试反拨效应的近期研究与未来展望. 现代外语，35(2)，202–208.

唐小娟，丁树良，毛萌萌，俞宗火 . (2013). 基于属性层级结构的认知诊断测验的组卷 . 心理学探新，33(3)，252–259.

席小明，张春青 . (2020). 语言测评的效度概念及效度验证：发展与挑战 . 中国考试，338(6)，19–26.

祝智庭，贺斌 . (2012). 智慧教育：教育信息化的新境界 . 电化教育研究，33(12)，1–13.

曾用强 . (2004). 机助语言教学与诊断评估系统设计 . 外语电化教学，96(4)，45–48.